基金项目：1. 海南省自然科学基金资助项目（722RC724）；2. 海南经贸职业技术学院"双高计划"企业财务数智化科研创新团队项目（项目编号：HNJMT2022-103）

数字经济统计监测与核算研究

杨晓娟　著

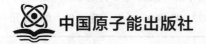

中国原子能出版社

图书在版编目（CIP）数据

数字经济统计监测与核算研究 / 杨晓娟著. -- 北京：
中国原子能出版社，2024. 7. -- ISBN 978-7-5221-3548-
9

I. F492

中国国家版本馆 CIP 数据核字第 2024SM8536 号

数字经济统计监测与核算研究

出版发行	中国原子能出版社（北京市海淀区阜成路 43 号　100048）	
责任编辑	王齐飞	
责任印制	赵　明	
印　　刷	北京金港印刷有限公司	
经　　销	全国新华书店	
开　　本	787 mm×1092 mm　1/16	
印　　张	14.5	
字　　数	252 千字	
版　　次	2024 年 7 月第 1 版　2024 年 7 月第 1 次印刷	
书　　号	ISBN 978-7-5221-3548-9　　　**定　价　88.00** 元	

发行电话：**010-88828678**　　　　　　版权所有　侵权必究

前　言

在 21 世纪的信息化浪潮中，数字经济已成为推动全球经济增长的关键力量。随着技术的迅猛发展，尤其是信息通信技术的广泛应用，数字经济正逐渐成为现代经济体系中不可或缺的一部分。对于海南自由贸易（以下简称自贸港）而言，数字经济不仅是加快区域经济发展的新引擎，也是推动社会全面进步的重要力量。

数字经济的快速崛起与信息技术的突破性进展紧密相连，特别是互联网、大数据、人工智能等技术的广泛应用，已经深刻地改变了生产、分配、交换和消费的传统模式，引领着全球经济向数字化转型迈进。在全球化和技术革新的双重推动下，数字经济展现出强大的发展动力和广阔的成长空间，被视为新一轮工业革命的核心驱动力。随着全球经济增长的放缓，传统产业面临增长乏力的挑战，数字经济以其潜在的高效率和低成本特性，成为刺激经济新动力的关键因素。数字经济不仅为传统行业提供了转型升级的新机遇，也为创新驱动发展开辟了新路径。从电子商务到智能制造，从数字支付到云计算，数字技术正在重新定义经济的运行方式，增强经济活动的互联互通性和资源配置效率。我国作为全球最大的发展中经济体，数字经济的发展已成为国家战略的重要组成部分。

海南自贸港作为全面深化改革开放的新标杆,其在数字经济领域的探索尤为关键。政府的政策支持和引导,加上海南独特的地理和政策优势,为数字经济的创新和实践提供了独特的实验场。数字经济的高质量发展不仅可以为海南自贸港带来新的经济增长点,还能推动社会管理和公共服务的现代化,提高治理效能和民生福祉。因此,海南自由贸易港的数字经济发展不仅是区域经济转型的需要,也是全面深化改革和扩大开放的重要内容。通过深入研究和有效监测,可以确保数字经济发展的战略决策更加科学合理,实现从政策制定到执行的高效转化,最终促进经济的持续健康发展。这一进程不仅将为海南乃至全国的经济发展模式提供新的观察窗口,也将为全球数字经济的发展趋势提供宝贵的经验和案例。

　　当今世界,数字经济不仅是国家竞争力的新标志,也是推动经济高质量发展的重要引擎。针对这一重要领域,本书的编写旨在深入探讨和系统研究数字经济的各个方面,尤其是在统计监测和经济核算方面。通过建立一套科学、完整的数字经济统计监测与核算体系,本书旨在为数字经济的量化管理和政策制定提供坚实的数据支持和理论依据。这套体系能够帮助政策制定者和经济学家准确评估数字经济的发展规模和质量,识别当前的发展趋势及其潜在的增长点。这对于制定有效的政策措施,优化资源配置,以及制定长远的经济发展战略具有重要意义。本书通过分析数字经济对新质生产力(新全要素生产率)的作用机制,尝试揭示数字经济发展的驱动路径,这对于理解数字经济如何通过技术创新和业务模式创新推动经济结构的优化和升级具有重要的理论价值和实际意义。全要素生产率作为衡量一个国家或地区经济效率的关键指标,其提升往往预示着经济活力和竞争力的增强。此外,本书的研究不仅能够为海南自贸港乃至中国的数字经济发展提供科学的决策支持和理论指导,也为全球经济的数字化转型提供实证研究的案例。这些研究成果将有助于促进数字技术与经济的深度融合,推动经济持续健康发展,并增强经济的动态适应性和创新驱动力，为国际经济合作与交流提供有益的参考和支持。

为了全面探索并阐述数字经济的复杂性和多维度特性，本书采用综合性的研究方法，结合了定性和定量的分析手段。具体而言，通过文献综述，广泛收集并分析了国内外关于数字经济的学术论文、专著及政策文件，以确保理论分析的深度和广度。此外，通过理论分析，本书对数字经济的概念框架、发展模式、影响机制进行了系统的梳理和阐释，为后续的实证研究提供了坚实的理论基础。在定量研究方面，本书依托实证分析，使用了国内外公开发布的统计数据，包括国家统计局、各地方统计局、世界银行和国际货币基金组织等的官方数据，同时，本书还特别关注各地方的政府工作报告和研究机构的调研数据，以精确捕捉地区特定的经济动态和政策环境。通过这些多元化的研究方法和丰富的数据来源，本书不仅期望加深学术界对数字经济理论的理解，也致力于为政策制定者提供实证研究支持。本书的研究成果预计将为业界提供战略指导，帮助企业和组织更好地适应数字化转型的趋势，优化其业务模型和运营策略。

目　录

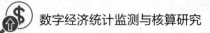

第一章 数字经济的理论基础

第一节 数字经济概述

一、数字经济概念与内涵演变

数字经济的概念与内涵自 20 世纪 90 年代以来发生了显著的演变，这种演变在国内和国外呈现出不同的特点和重点。

（一）国外对数字经济的理解与演变

国外对数字经济的理解和演变涵盖了多个方面，具体体现在不同国家和国际组织的研究和政策制定中。

1. 早期理解

在 20 世纪 90 年代，国外开始对数字经济进行早期理解。这一认识的奠基者是 Don Tapscott，他在《The Digital Economy》中首次提出了"数字经济"的概念。Tapscott 的描述将数字经济视为一种全新的经济形态，它融合了信息、技术和知识的要素。强调了信息技术，尤其是互联网，对经济模式转变的重大影响。Tapscott 认为，数字经济将成为未来经济发展的重要方向，这一观点在当时引发了广泛的讨论和研究。数字经济的出现标志着经济活动向着数字化、网络化和智能化方向发展，这对传统经济模式提出了全新的挑战和机遇。

2. 日本的定义

日本通产省将数字经济定义为一个包括广泛电子商务经济模式的概念，其涵盖了从在线购物、数字支付到在线服务等多个方面。这一定义着重强调了移动电子支付和在线平台销售的重要性，因为这些已经成为数字经济的核心组成部分。然而，数字经济的范围远不止此。除了传统的在线购物和支付外，数字经济还包括了数字化内容的创造、交付和消费，如在线娱乐、数字化媒体和在线教育等。此外，数字经济还涉及基于数据的服务和创新，如数据分析、人工智能和物联网技术的应用，以及数字化平台上的新型业务模式。因此，虽然移动电子支付和在线平台销售是数字经济的重要组成部分，但其实它远比这更加广泛和复杂，涵盖了各个层面和领域的经济活动和创新。

3. 欧盟的视角

欧盟对数字经济的看法展现了其全面性和系统性的推动。除了基础设施建设，如宽带网络的发展，欧盟还强调了信息技术人才的培养和活动。这不仅包括提高整体数字素养水平，还涉及培育专业人才，以满足不断增长的数字经济领域的需求。此外，欧盟特别注重互联网技术的广泛应用，认识到数字化技术在促进商业创新、提高生产效率和增加就业机会方面的重要性。更重要的是，欧盟意识到数字技术与传统实体经济的融合是数字经济发展的关键。通过数字化的流程和服务，实体经济部门能够实现更高效的运营和更广泛的市场覆盖，从而促进经济增长和竞争力的提升。此外，欧盟还将政府数字化服务视为推动数字经济发展的重要组成部分。通过数字化政府服务，欧盟旨在提高公民生活质量、提升政府效率，以及促进公民参与和治理的透明度。这些方面的综合考量表明，欧盟在推动数字经济方面采取了全面性和系统性的战略，致力于在数字时代实现欧洲的经济繁荣和社会进步。

4. 美国的定义

美国经济分析局于 2018 年提出的定义将数字经济分为三个主要部分。第一部分是支持计算机和网络运行的互联网基础设施，这包括了网络通信设施、数据中心、云计算服务等关键基础设施，它们构成了数字经济的基础架构，为数字化转型提供了必要的支持与基础保障。第二部分是通过互联网系统进行的所有交易活动，涵盖了电子商务、在线支付、数字货币交易等各种经济活动的进行，使得传统经济活动得以数字化，为商业模式创新和经济增长提供了新的动力和机遇。第三部分是互联网用户创造和访问的所有网络资源，这包括了各种形式的数字内容、社交网络、在线娱乐、教育资源等，用户通过互联网参与信息的生产、传播和获取，形成了庞大而活跃的数字生态系统。这一定义突出了数字经济在基础设施建设、商业活动和用户互动中的重要作用，凸显了数字化时代的特征和经济发展的新趋势。

5. 经合组织的认知

根据经合组织的年度报告，数字经济的范畴已经不再局限于传统的宽带网络和电子商务应用。相反，它的影响正在不断扩展，渗透到政府电子场景和知识扩散等政策层面。这种趋势强调了信息通信技术和互联网在社会各个领域，尤其是政府、教育及人际扩散方面的重要作用。在国际舞台上，数字经济被普遍视为推动政府、教育，以及社会服务现代化的关键因素。数字化技术的快速发展不仅改变了商业模式和市场运作方式，也为政府管理和公共服务方面带来了革命性的变革。政府部门越来越多地采用数字技术来提高效率、加强治理能力，并为公民提供更便捷、更高效的服务。教育是数字经济发展中另一个重要领域。数字技术的普及和应用使得教育资源更加开放和可及，促进了教育的全球化和个性化发展。通过在线学习平台、远程教育和智能化教学工具，学生可以获得更多元化、更灵活的学习体验，而教育机构也能够更好地满足不同学习者的需求。此外，数字经济也对社会服务产生了深远影响。从医疗保健到社会福利，数字技术的应用正在改变人们获取服务的方式，并提升服务的质量和效率。通过电子医疗记录、在线咨询和智能化社会服务平台，个人能够更方便地获得健康关怀和社会支持，同时减少了时间和成本上的浪费。经合组织对数字经济的全面理解和应用，凸显了数字化技术在塑造现代社会、推动经济发展和改善人民生活方面的巨大潜力。随着数字经济持续发展，其在政府、教育，以及社会服务领域的作用将会不断深化和拓展，为构建更加智慧、包容和可持续的社会奠定坚实基础。

总结来看，国外对数字经济的理解从早期的互联网经济逐步扩展到涵盖基础设施、人力资本、技术应用与政策层面的全面经济体系。这些定义和理解反映了随着技术发展和全球经济一体化，数字经济在各国经济中扮演的角色越来越重要，同时也越来越复杂。

（二）国内对数字经济的理解与演变

中国对数字经济的理解和研究起步稍晚，但发展迅速，特别是进入 21 世纪以后。中国学者和政府部门将数字经济视为传统经济转型和升级的重要驱动力。

1. 关注信息技术的作用

在一些研究中，尤其是早期的研究与观点中，中国学者最初的焦点是信息技术在社会生产与分配中扮演的角色。裴长虹等学者运用马克思政治经济学理论深入分析了信息技术的功能与影响，认为智能化代表着数字经济发展的关键推动力量。他们指出，信息技术的普及与应用不仅是一种技术革新，更是对经济体系的深刻影响，其催生的智能化趋势将重塑生产力、生产关系及社会分配格局。赵敏等学者的研究进一步阐述了在中国经济增速放缓的背景下，互联网、大数据、人工智能等科技浪潮将如何重新塑造中国经济产业格局，成为经济增长的新引擎。他们指出，这些新兴科技所带来的潜力和机遇不仅是在技术领域的创新，更是在经济结构和产业布局上的全面变革。互联网、大数据和人工智能等技术的快速发展为中国经济注入了新的活力和动力，为经济的转型升级提供了巨大的支撑和可能性。因此，这些学者认为，中国应当充分抓住这一历史性机遇，积极推动信息技术与经济发展的深度融合，以此为中国经济的可持续发展注入新的活力和动力。

2. 数字经济与传统产业的融合

数字经济与传统产业的融合是当今经济发展的重要趋势之一。随着数字技术的迅猛发展，人们开始认识到数字经济不仅是技术的应用，更是一种全新的生产方式和经济模式。张于喆等学者指出，在国内供给侧结构性改革中，实体经济的数字化进程对于中国产业结构转型升级起到了重要推动作用。传统产业的数字化不仅是为了跟上时代的步伐，更是为了提升效率、降低成本、增强竞争力。通过数字化，传统产业可以实现生产过程的智能化、自动化，从而提高生产效率，减少资源浪费。同时，数字经济所具备的数据资源和技术优势也为传统产业注入了新的活力。陈昭等学者认为，数字经济不仅可以助力传统产业提质增效，还能够孵化出新的经济模式和业态。例如，基于大数据和人工智能技术的智能制造、物联网技术在农业、制造业中的应用等，都是数字经济与传统产业融合的产物，为中国经济的高质量发展提供了新的动力和机遇。任保平和孙勇等学者的研究进一步阐释了数字经济的广泛影响，特别是强调了基于最新信息技术的数字经济如何有效提升了社会的整体劳动效率及经济供给系统的性能。此外，通过与传统产业的深度融合，技术更新不断地优化了生产过程，从而显著提高了产品的产量和质量。他们还指出，借助第四代信息技术的支持和数据资源的核心地位，数字经济已经孕育了众多新兴经济形态，如平台经济、共享经济和虚拟经济，这些新形态为中国经济的稳定增长和高质量发展提供了强大的支撑。因此，数字经济与传统产业的融合不仅是一种趋势，更是中国经济转型升级的必然选择，将为经济的可持续发展注入新的活力。

3. 政府与机构的定义

2016 年，在 G20 峰会上，中国政府首次明确提出数字经济的概念，着重强调信息通信技术的作用，将其视为基础资源，信息网络传输平台则被认定为重要的载体，数字化信息则被视为关键的生产要素。这一提法的出现，不仅标志着中国对于数字经济的认知已经迈入一个新的阶段，更突显了数字化转型对于经济发展的重要性。随着数字经济的兴起，各类研究机构也积极参与其中，通过不同的方法和指标系统来衡量和描述数字经济的发展趋势。例如，中国信息通信研究院和财新智库等机构，利用各自的专业领域和数据收集手段，提供了丰富的数据支持，呈现出数字经济综合评估的迫切需求。这些努力不仅为政府决策提供了重要参考，也为学术界和产业界提供了宝贵的研究资源。在数字经济发展的进程中，国家信息中心则依托大数据、云计算等先进技术，积极追踪数字经济的动态。其强调数字基础设施、产业数字化，以及人才保障是数字经济发展的三大支柱。通过深入研究这些关键因素的发展状况，国家信息中心为政府制定数字经济政策提供了重要依据，同时也为企业和社会各界提供了战略指导，促进了数字经济的健康发展。

4. 理论发展与定义的演变

学者们对数字经济的理论发展与定义进行了不断的演变与探索。他们试图从理论层面给出更准确的数字经济概念，以更好地解释数字化时代经济活动的特点和规律。例如，许宪春和张美慧提出，数字经济是基于信息技术、数据要素与经济运行各方面结合的经济活动。他们强调数字经济不仅是简单地利用数字技术，而是在信息技术的基础上，深度融合了数据要素，影响并改变着传统经济活动的各个方面。沈奎将数字经济的内涵总结为"四化一基础"，即产业数字化、数字产业化、数字基础设施建设、社会数字化治理及数据价值化。这一总结从不同的角度全面把握了数字经济的本质和特征。产业数字化指的是将传统产业通过信息技术的应用，实现生产、管理、营销等方面的数字化转型；数字产业化则是指数字经济本身作为一种新型产业形态的发展和壮大；数字基础设施建设则是数字经济发展的基础，包括网络、云计算、大数据等基础设施建设；社会数字化治理及数据价值化强调数字经济发展过程中，社会治理模式的变革和数据资源的开发利用。陈收和团队认为数字经济主要利用数据作为生产要素，依托数字技术和网络平台进行经济活动。陈晓红等持类似观点，他们在回顾文献后定义数字经济为一个广泛的概念：其核心是数字信息，通过数字平台传输，以科技创新为动力的所有新模式和新业态的经济活动。张文魁认为数字经济在数字技术支持下具有明显优势。与传统经济相比，数字经济的活动不依赖于土地和资本等传统生产要素，更易于扩展范围和规模。作为生产的关键要素，数据的特点包括非争夺性、边际成本极低和市场潜力巨大。这些方面的理论构想和定义为更深入地理解数字经济的本质与发展路径提供了有益的启示。

总体上，国内对数字经济的理解由单一技术应用的认识逐步演变为一个复杂的经济体系，强调信息技术与实体经济的融合，并逐渐形成了涵盖多个方面的全面认识体系，从宏观政策到微观实践均有所体现。

（三）数字经济概念内涵研究小结

国际与国内对数字经济的理解和演变虽有差异，但共同点在于都认识到了数字经济对现代社会经济发展的重要性和根本性影响。不同点则主要体现在各自的经济发展阶段、政策导向，以及对技术的应用重点上。国外的定义和实践往往更为全面和多元，而中国的策略则更注重整体经济的结构调整和升级。这些差异和相似点一起塑造了全球范围内对数字经济的多样性理解和实施路径。

1. 相同点

（1）信息技术的核心角色

在数字经济发展的讨论中，信息技术被普遍认为是推动力量。不论是国际还是国内的研究者都一致认为，信息技术在数字经济中扮演着核心角色。这一点包括了互联网、大数据、人工智能等技术在内。这些技术的迅速发展和广泛应用，为数字经济的崛起提供了强大的技术支持，促进了产业的数字化、智能化和网络化，推动着经济活动的转型和升级。

（2）经济形态的变革

双方研究均一致认同，数字经济代表了一种新的经济形态，对传统经济进行了重要的补充和扩展。数字经济不仅是简单地利用信息技术，更是以信息技术为基础，深刻改变了商业操作的方式和经济组织的形态，进而影响了整个经济结构和增长模式。这种新型经济形态的崛起，不仅给传统产业带来了挑战，也为新兴产业和商业模式的涌现创造了机遇。

（3）政策支持的重要性

国际与国内的研究都强调了政府在数字经济发展中的关键作用。这包括政策制定、基础设施建设，以及法规体系的完善等方面。政府的积极参与和有效引导，可以促进数字经济生态系统的健康发展，优化资源配置，提升创新能力，推动数字经济向高质量发展的方向迈进。政策支持不仅在于提供有利的营商环境和政策环境，更在于引导企业加大技术研发投入，推动产业升级，推动数字经济向更广阔的领域拓展。

2. 不同点

（1）定义和范围的差异

国际上和国内对数字经济的定义和范围存在显著差异。在国际上，特别是在发达国家，对数字经济的定义更为广泛和系统化。例如，美国经济分析局和欧盟的定义涵盖了数字经济的基础设施、用户活动等多个方面。相比之下，国内的定义更偏重于强调数字技术对经济高质量发展的推动作用。举例来说，2016 年 G20 峰会上中国提出的定义强调了现代信息通信技术和数字化信息作为关键生产要素，突出了数字经济在经济发展中的重要性。

（2）研究的重点

国外和国内对数字经济的研究重点存在差异。国外研究通常强调数字经济在社会应用方面的意义，如政府电子化服务和教育领域。例如，经合组织的报告中提到了数字经济在政策层面的应用。相反，国内研究更侧重于数字经济在推动传统产业升级和新业态发展中的作用。特别是关注通过数字经济推动产业结构优化和经济增长等方面的问题，强调数字经济在实现经济转型和创新发展方面的重要性。

（3）经济战略的角色

国外和国内在数字经济战略方面的重点也存在一定差异。国外数字经济策略往往聚焦于增强国家在全球数字经济中的竞争力和影响力。这包括通过建设强大的信息通信技术基础设施和促进创新来实现。而国内则更注重数字经济在国内经济转型和升级中的战略作用。特别是重视数字经济在解决"中等收入陷阱"和实现可持续发展目标中的关键性质，强调数字经济在国家长远发展战略中的地位和作用。

二、数字经济的关键特征

数字经济不仅改变了经济活动的方式，还正在塑造全球经济的未来趋势。通过这种变革，数字经济为提高生产效率、促进创新和增强社会互联提供了强大的动力。数字经济区别于传统经济的几个关键特征包括其基础技术、业务模式、增值方式和对各类市场、社会的深远影响等方面。

（一）基础技术的依赖

传统经济依赖于物理资本、人力资源和自然资源，而数字经济主要依赖于信息通信技术、数据资产和软件平台，这些技术基础使得数字经济能够跨越地理限制，实现信息的即时传输和处理。信息通信技术包括网络技术、计算机技术、数据通信技术等，它们使信息可以在全球范围内快速、实时传输，如云计算和物联网技术让企业能实时收集和分析全球数据，迅速做出决策。数据在数字经济中不仅是运营的基础，更是创造商机的关键资产，企业通过消费者数据分析优化产品和服务，实现个性化营销。软件平台，如电子商务平台和移动应用，成为交易和创新的中心，连接不同用户群体创造新的市场和服务形态。此外，数字经济推动技术融合与创新，如 AI 与传统行业结合产生智能制造和数字医疗等新兴领域，改善行业效率并提升服务质量。数字经济的全球性和无地理界限特征降低了进入新市场的成本，加速了全球化进程，使信息的即时性、连通性成为现代经济的标志，深刻改变了企业运作方式和经济结构。

（二）业务模式的创新

数字经济促进了业务模式的根本变革，特别是通过平台经济、共享经济和按需经济的发展。这些模式通过优化资源配置和降低交易成本，显著地为用户创造了新的价值。平台经济如 Uber 和 Airbnb 利用数字技术整合分散的资源，如车辆和住宿，提供更灵活和经济的服务。这些平台通过连接服务提供者和消费者，去除了传统经济中多层次的中介结构，大大减少了交易的时间和成本。共享经济模式允许个人将闲置资源（如空房间、空座车位）变现，不仅提升了资源的使用效率，也创造了从未有过的收入来源。按需经济则是基于互联网平台和移动应用的即时匹配系统，使得消费者可以根据即时需求获得服务和产品，从食品配送到专业服务，满足快速变化的市场需求。这些模式的兴起是数字技术特别是移动互联网、大数据分析能力强大化的直接结果，它们不仅改变了消费者的行为模式，也重新定义了价值链的结构和经济活动的组织方式。

（三）增值方式的多样化

在数字经济中，增值方式的多样化显著区别于传统经济中主要依赖物理产品的生产和销售。数字经济利用技术创新打开了多种增值途径，如数字内容的创造、数据分析、在线服务等。例如，企业如 Google 和 Facebook 利用庞大的用户数据进行深度挖掘和精准广告定位，这种基于数据的商业模式使它们能够在全球范围内收获巨大的经济效益。此外，数字内容创造者如视频制作者和游戏开发者通过订阅模式、广告、内购等方式获得收益，这种模式使得内容创造变得可持续并具有高度的可扩展性。在线服务，包括云计算、在线教育和远程医疗，通过提供即时、便捷和定制化的服务，满足了现代社会对效率和个性化的需求。数据分析服务则通过提供洞察力，帮助企业优化决策、提高效率和创造新的业务机会，从而成为增值的重要途径。这些多元化的增值方式显示了数字经济在资源利用和价值创造方面的灵活性和创新性，显著推动了全球经济结构的变革。

（四）劳动力和就业的变革

数字经济对劳动力市场产生了深远的影响，改变了其结构和需求，同时也引入了新的挑战。随着技术的进步和数字化工具的普及，越来越多的工作可以远程完成，这不仅促进了遥远工作的普及，也增加了对自由职业者的需求。这种工作模式的灵活性为许多人带来了前所未有的职业自由和生活方式的选择，但同时也带来了就业不稳定性，例如，合同工作的不连续性和缺乏长期职业保障。此外，数字经济迅速发展要求劳动力具备新的数字技能，如编程、数据分析和数字营销等，这导致了技能错配问题，即现有劳动力的技能与劳动市场的需求之间存在差距。为了应对这种情况，许多教育和培训机构已经开始提供相关的技能培训课程，以帮助劳动者适应新的职业需求。同时，这种技能的转变也推动了教育体系的改革，使得终身学习成为现代职业生涯的一个重要部分。尽管数字经济提供了增长和机遇，但它也要求政策制定者、企业和个人共同努力，以确保劳动市场的平稳过渡和所有群体的公平参与。

（五）市场操作的速度和规模

数字技术的应用极大提高了市场操作的速度，使企业能够在全球范围内快速响应市场变化。这一变革主要得益于高速互联网、即时数据处理和高效的通信系统，它们允许信息在几乎无延迟的情况下流通，从而加速决策过程和市场反应。此外，数字经济的特性支持业务扩展不受物理限制，这意味着企业可以轻松进入新市场并快速扩大其影响范围，而不需要在各地建立实体店铺或仓库。电子商务平台如亚马逊和阿里巴巴利用网络的普及，使得小型企业甚至个人也能接触到全球客户，这在传统经济模式中是难以想象的。同时，社交媒体和数字营销工具使企业能够精确而高效地锁定目标消费群体，无论他们身在何处。这种市场操作的加速和规模扩大不仅增强了企业的竞争力，也促进了产品和服务创新，满足了消费者对多样性和个性化的需求。因此，数字技术不仅改变了企业的运作方式，也重塑了全球经济动态，使其更为灵活和互联。

（六）对社会影响的深远性

数字经济对社会结构和日常生活的影响深远且全面。随着智能家居技术的普及，家庭生活变得更加便捷和安全，家庭设备如灯光、温度控制和安全系统现在可以通过智能手机远程控制，大大提高了居住舒适性和效率。在线教育的发展则彻底改变了学习方式，使得地理位置不再是接受高质量教育的障碍，学生可以通过视频课程和虚拟课堂与世界各地的教师和同学互动。电子政务的实施简化了政府与公民的互动，提供了一个更快、更透明的服务渠道，使得文件处理和信息获取更为便捷，大大提高了政府服务的效率和公众的满意度。社交媒体的兴起改变了人们的交流方式，缩短了人与人之间的距离，使得分享信息、联络感情和组织社会活动更为简单和即时。这些变化不仅提高了生活的便利性和效率，也引发了关于隐私保护、数据安全和社会分化等新的社会问题和挑战。总的来说，数字经济通过重塑工作、学习和交流方式，不断地影响着社会的结构和文化，推动社会向更加数字化和互联的方向发展。

（七）可持续性和环境影响

与传统经济相比，数字经济在促进环境可持续性方面提供了显著的机会，但同时也引入了一些新的环境挑战。数字化过程中，减少物理资源的消耗是一个明显的优势，例如，随着电子文档的广泛使用，对纸张的需求显著减少，这不仅减轻了对森林资源的压力，也降低了与纸张生产、运输相关的碳排放。此外，远程工作和在线会议减少了通勤和商务旅行的需求，进一步降低了交通相关的环境影响。然而，数字经济的发展也带来了新的环境问题，特别是电子废物的处理问题成为一个严峻挑战。随着电子设备更新换代速度的加快，废弃的电子产品数量迅速增加，如果处理不当，这些废物会释放有害物质,对环境和人类健康构成威胁。此外,数据中心作为数字经济的核心设施,其能源消耗巨大,特别是在处理和存储大量数据时。虽然采用了一些节能技术,但数据中心的碳足迹仍是一个需要关注的问题。因此,虽然数字经济在某些方面支持了环境可持续性的实现,但也需要通过技术创新和政策调整来解决由此引发的新的环境挑战。

三、数字经济的技术驱动力

技术是数字经济发展的核心驱动力,它不仅定义了数字经济的运作模式,还持续推动着经济结构的变革。通过一些关键核心技术的应用,数字经济正在重塑全球经济的运作方式,提升经济活动的效率和质量,同时也在不断地推动社会、文化和政策的变革。这些技术不仅是现代数字经济的基石,也是未来创新和发展的关键。

(一)互联网和移动通信技术

互联网和移动通信技术作为数字经济的核心基础设施,极大地推动了全球的信息流动和连接。同时,这种技术也是塑造现代社会生活方式的关键力量。它们的发展和应用正在持续地推动着经济、社会和文化的深刻变革。互联网提供了一个无国界的平台,让信息、产品和服务可以跨越地理限制进行交换。随着移动通信技术的发展,特别是智能手机和其他移动设备的广泛普及,用户可以在几乎任何地点和任何时间访问互联网。这种普及不仅使得个人用户能够随时随地浏览信息、观看视频或进行社交活动,也让企业可以更灵活地与客户互动,即时响应市场变化。移动通信技术的进步还促使了许多数字服务的创新和发展,如移动支付、在线教育、远程医疗,这些服务原本受到地理位置的限制,现在却可以广泛推广到偏远地区。此外,智能手机的应用程序和社交媒体平台促进了用户生成内容的爆炸性增长,这种互动性和用户参与度的增加为数字经济注入了新的活力,也使得个体能更直接地影响品牌和产品的市场表现。同时,互联网和移动通信技术的普及也引发了关于数据安全、隐私保护和信息真实性的重要讨论。随着越来越多的个人和企业数据在网络上被收集和分析,如何确保这些数据的安全和合理使用成为了一个全球性的挑战。此外,虚假信息和网络欺诈的问题也随着网络的普及而增加,这要求更有效的监管政策和技术解决方案以保护用户的利益。

(二)云计算和大数据

云计算和大数据技术是数字经济中两个互补的重要技术,是数字经济的关键支柱,它们共同塑造了企业运营和市场决策的新模式,不仅提升了企业的运营效率和市场适应性,也推动了商业模式和服务方式的创新。云计算提供了灵活的计算资源,如服务器、存储和应用程序,这些资源可以根据需求迅速扩展和缩减,极大地降低了企业的前期投资和运维成本。通过云服务,即使是中小企业也能利用先进的计算能力,进行复杂的数据分析和运营管理,从而在竞争中站在与大公司相同的起跑线上。大数据技术的应用则转变了企业处理信息的方式。企业不再局限于小规模的结构化数据分析,而是能够处理来自多种源的大规模非结构化数据,如社交媒体、视频监控和物联网设备。这些数据的分析帮助企业洞察市场趋势、消费者行为和运营效率,从而使决策更加数据驱动,减少了基于直觉的不确定性。此外,云计算和大数据的结合还推动了个性化服务的发展。例如,在电子商务领域,通过分析顾客的购物行为、搜索历史和购买偏好,企业可以推送个性化的产品和定制的营销信息,显著提高转化率和顾客满意度。在智能制造中,云计算使工厂能够实时监控设备状态和生产流程,而大数据分析则能优化生产线配置和资源分配,提高生产效率和产品质量。然而,云计算和大数据也带来了新的挑战,如数据安全性和隐私保护问题。随着越来越多的敏感信息被存储和处理在云平台上，企业需要采取强化的安全措施来防止数据泄露和滥用。同时，对大数据的依赖可能导致数据质量和数据偏见问题，影响决策的准确性和公正性。

（三）人工智能和机器学习

人工智能（AI）和机器学习技术在数字经济中的应用已成为推动行业创新和效率提升的关键因素，是塑造现代数字经济的重要力量。通过模仿人类的学习、推理和决策过程，AI 和机器学习不仅增强了自动化水平，还极大地提升了决策的智能化程度。这些技术的应用覆盖了从产品推荐、客户服务到智能家居、自动驾驶等众多领域，极大地优化了用户体验和操作效率。在电子商务领域，AI 驱动的推荐系统能够分析消费者的购买历史、浏览习惯和偏好设置，从而提供个性化的商品推荐。这种精准营销不仅增加了销售额，也提高了顾客满意度和忠诚度。同时，AI 技术也被广泛应用于客户服务，通过聊天机器人自动回答常见问题和处理交易，从而减轻了人工客服的负担，提高了响应速度和服务质量。在智能家居领域，AI 和机器学习技术使得设备能够学习用户的行为模式和偏好，自动调整环境设置，如温度、照明和音乐，从而为用户创造更加舒适和个性化的居住环境。此外，这些技术也正在改变安全监控领域，通过智能分析监控画面来及时识别异常行为，增强住宅和公共安全。在更广泛的工业和医疗领域，AI 和机器学习的应用同样显示出巨大潜力。在工业生产中，AI 可以优化生产流程，预测设备维护需求，减少停机时间。在医疗行业，AI 技术正被用于疾病诊断、个性化治疗计划和医疗影像分析，提高诊疗效率和准确性。智能化的增强，不断开拓新的应用领域和创新机会，同时也带来了新的挑战和责任。尽管 AI 和机器学习带来了许多益处，它们也引发了关于工作替代、隐私侵犯和算法偏见的伦理和社会问题。这要求政策制定者、技术开发者和用户共同考虑如何

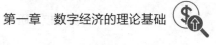

平衡这些技术的利益与风险，确保它们的健康发展和正面影响。

（四）区块链技术

区块链技术作为一种创新的数据记录和交易验证机制，已经在数字经济中发挥了重要作用，正在改变数字经济的多个方面，通过其独特的安全和透明机制，为数字交易和数据管理提供了新的可能性。它的核心特点是安全性、透明性和去中心化，这些特性使得区块链成为处理敏感交易和数据管理的理想工具。区块链技术最初与加密货币，特别是比特币，紧密相关，但其应用范围已经迅速扩展到其他领域，如智能合约、供应链管理、金融服务、版权保护和身份验证等。在加密货币领域，区块链技术提供了一种无需中央权威机构即可进行货币发行和交易的方式，这种方式提高了交易的效率，降低了交易成本，并增加了交易的匿名性。智能合约利用区块链的不可更改性，自动执行合同条款，这减少了争议和执行成本，同时也提高了合同执行的可靠性和效率。供应链管理是区块链技术的另一个重要应用领域。通过区块链，所有供应链参与者可以实时访问产品从原材料到最终用户的全过程记录，这不仅增强了供应链的透明度，还大大提高了产品的可追溯性和防伪能力。此外，区块链技术在金融服务领域也展示了巨大的潜力，包括提高支付系统的效率、降低跨境交易费用和时间，以及提供更安全的资产管理方式。尽管区块链技术在数字经济中提供了多方面的好处，它仍面临着一些挑战，如技术成熟度、规模扩展性、法律和监管问题等。此外，去中心化的特性虽然提供了许多优势，但也带来了监管和控制的难题，尤其是在打击金融犯罪和保护消费者权益方面。

（五）物联网

物联网技术通过使实体设备能够相互连接并通过互联网通讯，收集和交换数据，已成为数字经济的一个重要组成部分，通过增强设备的互联互通能力，提供了改善和优化服务的新方法，推动着经济向更加智能和高效的方向发展。这种广泛的设备互联网化在智能制造、智慧城市、数字健康等领域显示出巨大的潜力，使服务不仅更加高效和个性化，而且极大地提升了资源使用效率。在智能制造领域，物联网技术使工厂内的机器设备能够实时监控和相互协调工作，从而优化生产过程和降低维护成本。这些设备能够自动收集操作数据，通过分析这些数据，工厂管理者可以预测设备故障，进行及时的维护，减少停机时间。此外，物联网也支持制造过程中的自动化，从而提高生产效率和产品质量，同时减少人工错误。在智慧城市项目中，物联网技术的应用覆盖了交通管理、能源使用、公共安全和环境监控等多个方面。例如，通过在路灯和交通信号中集成物联网设备，城市管理者可以更有效地控制城市照明和交通流，提高能源利用率并减少交通拥堵。智能垃圾管理系统能够优化垃圾收集路线和频率，减少资源浪费。在数字健康领域，物联网设备如可穿戴健康监测器和远程医疗设备让患者能够在家中接受持续的健康监控，医生可以远程收集患者的健康数据进行分析和诊断。这不仅提高了医疗服务的可达性和效率，也使患者能够获得更加个性化的治疗方案，提高了疗效和患者满意度。尽管物联网技术在数字经济中带来了许多益处，但也存在一些挑战，如设备和数据安全问题、隐私保护，以及设备间的兼容性和标准化问题。这些问题需要通过技术创新和相应的法规政策得到有效管理和解决。

第二节　数字经济的发展历程

一、早期阶段的探索

在数字经济的早期阶段，数字技术主要集中在计算机化的数据处理和简单的数字通信技术上。20 世纪 70 年代，企业开始通过计算机进行数据存储和处理，特别是在金融服务、零售和制造业等领域，这些技术逐渐改变了传统的商业操作和管理方式。例如，银行业引入自动柜员机和电子会计系统，显著提高了服务效率和客户满意度。除此之外，个人电脑的普及和数据库技术的发展使得企业能够更有效地管理大量信息，优化决策过程并增强市场竞争力。虽然这一时期数字技术的应用还相对有限，但其对经济活动已经开始产生显著影响，为后续更广泛的数字化奠定了坚实基础。随着时间的推移，简单的数字通信技术也开始得到改进和扩展。在 20 世纪 80 年代，电子邮件和早期的互联网开始进入商业领域，这使得信息的传递速度大大加快，企业之间的沟通更为直接和高效。这种技术的应用不仅提高了操作效率，也促进了全球化贸易和协作的发展。此外，数字技术的初步应用还引发了对工作方式和职场结构的重大变革。计算机化的办公自动化系统开始替代传统的文书工作，为职员提供了更多的灵活性和远程工作的可能性。这些变化不仅影响了个别企业内部的运作，也逐渐影响了整个劳动市场的结构和动态。总之，在数字经济的早期阶段，尽管技术应用相对初级，但它们已经开始塑造经济景观，并逐步展示出数字化转型的强大潜力。这一时期的发展为后续技术的革新和数字经济的蓬勃发展奠定了关键的基础。

二、快速发展期

进入 21 世纪，互联网和移动通信技术的迅猛发展标志着数字经济的快速发展期。互联网的普及使得信息传递几乎无延迟，极大地促进了全球化交流和商务活动。电子商务平台如亚马逊和 eBay 的兴起，彻底改变了零售行业的面貌，消费者可以在全球范围内购物，企业也能达到前所未有的市场扩展。移动互联网的普及，特别是智能手机的广泛使用，进一步加速了数字经济的发展。移动应用程序和社交媒体平台如 Facebook 和微信的流行，不仅改变了人们的社交行为，也为企业提供了新的营销和客户服务渠道。这一时期，数字经济的特征是跨行业的融合和创新，各种新兴业态如共享经济和按需服务应运而生，极大地丰富了市场结构和消费模式。在这一时期，云计算技术的发展也显著推动了企业的数字化转型。企业开始大规模采用云服务来降低成本、增加灵活性并提升数据处理能力。这种技术的广泛应用，特别是在数据密集型行业如金融服务、健康护理和零售中，不仅加快了信息处理速度，也提高了操作效率和服务质量。同时，大数据和人工智能技术的结合，使得企业能够更精准地分析消费者行为，优化产品设计和市场策略。例如，通过分析大量用户数据，企业可以更好地理解市场需求，制定更加个性化的营销策略，从而在竞争中占据优势。

这一时期，数字经济不仅是技术的进步，它还伴随着制度和法律的适应。随着数字技术的深入，涉及隐私保护、数据安全和知识产权的法律法规逐渐成熟，为数字经济的健康发展提供了法律保障。

三、未来趋势预测

展望未来，数字经济预计将继续保持快速增长的趋势，并将更深入地渗透到经济和社会的各个层面。人工智能和机器学习的技术将成为主导，这些技术不仅将进一步提高自动化和智能化水平，也可能引发新的产业革命。例如，AI的进步将使得定制化和个性化服务更加普及，从医疗健康到教育培训，都将因应用智能技术而变得更加高效和精准。此外，随着区块链技术的成熟和应用扩展，数字经济在提高交易透明度和安全性方面将获得重大突破。这将极大促进数字货币的应用和金融服务的创新，同时也可能改变人们对于隐私保护和数据安全的看法。物联网技术的发展将使得城市管理、工业生产和日常生活更加智能化，从智能城市到智能家居的概念将逐步成为现实。随着越来越多的设备和系统连接到互联网，数据的收集和分析将在提升生活质量和优化资源配置中发挥关键作用。随着技术的不断进步，虚拟现实和增强现实技术也将在教育、娱乐和工作场所中扮演更加重要的角色。这些技术的融合能够创建更加沉浸式的体验，改善人们的学习和工作方式。对于企业而言，数字转型已不再是一个选择，而是一种必须。企业必须采用新技术以维持竞争力，同时这也要求它们在技术和策略上不断创新，以适应快速变化的市场需求。

第三节　数字经济与传统经济的关系

一、竞争与合作

数字经济与传统经济之间的关系是复杂的，既包括竞争也包括合作。在竞争方面，数字经济通过引入新的技术和业务模式，挑战了传统行业的市场份额。例如，电子商务平台对实体零售商的冲击、在线流媒体服务对传统广播电视行业的挑战等。这种竞争促使传统企业必须创新和改进自身的服务和运营模式，以保持其市场地位。同时，合作也是数字经济与传统经济互动的重要方面。许多传统行业已经开始采用数字技术来优化其运营效率和提升客户体验。例如，制造业通过引入工业互联网、利用大数据和人工智能优化生产流程；银行业通过数字化服务提高客户服务效率和金融产品创新。这种合作不仅有助于传统行业的转型升级，也扩大了数字经济的应用领域。

此外，数字经济还带来了新的合作模式和生态系统。例如，通过平台经济模式，小型企业和个体创业者可以利用大平台的技术和市场资源，以较低的成本实现业务的扩展和创新。这种模式不仅为传统经济体提供了新的增长机会，也促进了包括金融、教育、医疗等多个行业的互联网+战略的实施。技术的快速迭代还催生了所谓的"创新破坏"，其中新兴的数字技术颠覆了传统行业的商业模式。然而，这种破坏性创新也为传统企业提供了重新思考和重塑业务模式的机会，例如，通过数字化转型增加服务的个性化和客户的互动性。

二、转型与融合

传统行业的数字化转型是现代经济发展的关键趋势。企业需要通过技术更新来整合数字工具和平台，如云计算服务、移动应用和物联网技术，以提高信息流通效率和操作灵活性。企业通过这些技术能够实现更加高效的资源管理和更快的决策过程，从而在竞争激烈的市场环境中保持领先地位。数据驱动的决策制定是转型过程中的另一个重要环节，企业需要建立有效的数据分析能力，从而能够基于客户数据和市场趋势进行精准的市场定位和产品开发。通过利用大数据和分析工具，企业能够洞察消费者行为和偏好，优化供应链管理，提高营销活动的效果。此外，人才是数字化转型的另一关键因素。传统行业需要通过培训和引进专业人才来增强其在数字技术方面的能力。培养和吸引具有数据科学、人工智能和网络安全等专业技能的人才，对于企业实施成功的数字化战略至关重要。同时，企业文化和组织结构的适应性改革也是成功转型的重要部分，以确保快速响应市场变化和内部创新需求。企业需要推动文化转变，鼓励创新和实验，打破传统的工作模式和思维定势，构建一个支持持续学习和技术适应的组织环境。

三、政策与调控

政府在平衡数字经济与传统经济的发展中扮演着关键角色。政府需要制定公平的政策来确保新兴的数字经济企业和传统行业在公平竞争的环境下共同发展。这包括制定反垄断法规、保护消费者权益，以及促进开放和公平的市场接入。通过这些政策，政府可以防止市场垄断和不公平竞争，同时鼓励创新和多元化的商业模式。政府应通过提供资金支持、税收优惠和技术咨询服务等措施，帮助传统行业进行数字化转型。例如，提供数字化转型基金、设立创新实验室、支持数字技能培训等。这些措施能够降低传统行业在技术更新和人才培养上的成本，促进其在数字化时代的竞争力和可持续发展。政府还需在数字经济快速发展的同时，关注和解决由此带来的社会问题，如就业结构变化、数据安全和隐私保护问题。这需要政府在制定相关政策和法规时，兼顾技术发展和社会公正，确保数字经济的健康和可持续发展。例如，制定更为严格的数据保护法律，确保个人信息的安全，同时提高公众对数字技术潜在风险的认识。

第四节　数字经济的影响与挑战

一、社会经济影响

数字经济的发展对就业和收入分配产生了深远的影响。数字经济的兴起创造了大量新的就业岗位，涵盖了各种技术领域，如数据分析师、软件工程师、数字营销专家等。这些岗位的增加为人们提供了更多的就业机会，尤其是对于年轻人和技术专业人才而言，创造了更广阔的就业前景。随着新技术的不断涌现，如人工智能、机器学习领域，需求持续增长，进一步推动了就业市场的多样化和技术化。然而，数字经济的发展也带来了就业结构的调整。传统产业的衰退，以及自动化技术的普及使得一些传统工作岗位面临着减少甚至消失的风险。例如，制造业和零售业的某些岗位因自动化和电子商务的影响而减少。这可能导致一部分人员面临失业风险，需要进行再培训或者转岗以适应数字经济时代的就业需求。政府和教育机构需推动和支持这种转型，提供必要的培训资源和政策支持，以帮助这些工人适应新的职业环境。此外，数字经济对收入分配也带来了一定影响。一方面，数字技术的发展使得一些高技能岗位的薪资水平大幅提升，加剧了高收入者与低收入者之间的收入差距。例如，高级软件开发者和数据科学家等高薪岗位的需求增加，而那些低技能或未能适应技术转型的工作人群可能面临收入下降的风险。另一方面，数字经济也为一些人提供了创业机会，通过互联网平台或者数字化服务实现个人收入的增加。然而，这也可能加剧了收入不平等现象，因为数字经济并不是所有人都能够平等享有的。尤其是在偏远和经济不发达地区，由于缺乏必要的技术基础设施和教育资源，许多人无法充分利用数字经济带来的机会。

这些问题呼唤政府和社会各界的关注和介入，制定更为公平和包容的政策，以确保数字经济的红利能够更均匀地分配给社会的各个阶层。这包括在教育和技能培训、互联网基础设施建设，以及税收和社会保障政策上的调整和优化。通过这些措施，可以促进一个更为平衡和持续的经济发展模式，让更多人受益于数字经济的增长。

二、安全与隐私问题

随着数字经济的发展，数据安全和个人隐私保护成为了重要的社会问题。数字经济的运作离不开海量的数据收集、存储和处理，这些数据包括个人信息、商业机密等敏感信息。然而，数据泄露、黑客攻击等安全威胁时有发生，给个人和企业带来了巨大的损失。在数字经济时代，保护数据安全和个人隐私显得尤为重要。政府和企业需要加强对数据安全的管理和监管，建立健全的数据安全体系，包括加强网络安全防护、加密技术的应用等措施。例如，政府可以制定严格的数据保护法规，要求所有数据处理者遵守最高标准的安全措施。此外，可以引入更多的透明度和责任制度，确保数据处理过程中个人的隐私得到尊重和保护。企业方面，除了应用先进的技术如区块链和端到端加密来保护数据外，还需要对员工进行定期的数据安全培训，提高他们对于数据保护的意识和能力。此外，企业应该建立起应急响应机制，以便在数据泄露或其他安全事件发生时能够迅速采取措施，减少损失。同时，个人也需要增强对自身信息的保护意识，谨慎使用网络服务，避免个人信息被泄露或滥用。个人用户应该使用复杂的密码，并定期更新，使用双因素认证增加账户的安全性。此外，用户应该了解并使用隐私保护工具，例如，虚拟私人网络和防病毒软件，以保护其在线行为不受监视和攻击。随着技术的进步，人工智能和大数据也带来了新的隐私挑战。企业和政府需要确保这些技术的应用不侵犯个人隐私，如通过实施隐私保护设计的原则，确保在技术开发的每个阶段都将隐私保护纳入考虑。总之，随着数字经济的不断发展，数据安全和隐私保护将持续是一个复杂且迫切需要解决的问题。政府、企业和个人都必须采取行动，共同努力构建一个更安全、更公正的数字世界。

三、未来的不确定性

数字经济的快速发展带来了技术的快速变革，这给未来带来了不确定性。新兴技术的涌现可能会改变现有产业格局，影响就业结构和生产方式。例如，人工智能、机器人技术和自动化可以提高生产效率，但同时可能导致低技能工作的减少。同时，技术的发展也为创新和发展带来了巨大的机遇，可能孕育出新的产业和商业模式，推动经济增长和社会进步。然而，技术的快速变革也带来了一些挑战。一方面，技术的发展可能导致一些传统产业和岗位的淘汰，给部分人员带来就业压力和转岗困难。例如，数字化和自动化可能会减少制造业、零售和银行业的就业机会。另一方面，新技术的应用可能会带来一些社会问题，如人工智能的发展可能引发就业替代、算法歧视等问题，需要政府和社会共同应对。为了应对这些挑战，政府需要制定前瞻性的政策，支持劳动力市场的适应性转型。这包括提供再培训和终身学习的机会，以帮助工人适应新的技术环境。政府还需要确保技术发展的收益能够公平分配，避免社会不平等的加剧。同时，教育系统需要与时俱进，重点培养未来市场需求的技能，如编程、数据分析、人工智能设计。高等教育和职业培训机构应当增加与行业的合作，确保教育课程与就业市场的需求对接。在社会层面，需要加强对新技术的伦理和社会影响的研究，尤其是在人工智能和大数据应用方面。公众对技术的知识和理解需要得到提升，以便更好地参与到科技政策的讨论和制定中来。国际合作在应对技术快速变革的挑战中也扮演着重要角色。全球性的技术治理框架和标准的建立，可以帮助各国共同解决跨境数据流、网络安全和技术出口控制等问题，促进技术的健康和可持续发展。这种多维度的响应策略不仅可以帮助社会适应技术带来的变化，还可以最大化地利用这些变革带来的机遇，促进经济和社会的整体进步。

第二章　数字经济统计监测
评估体系设计

第一节　数字经济统计监测评估的现实挑战

一、数字经济监测评估的背景和意义

数字经济统计监测评估是指利用现代信息技术，如大数据、云计算、人工智能，对数字经济的关键指标进行数据收集、分析和解释的过程，旨在测量和评估数字经济的规模和增长，确定其在国家或特定区域经济中的比重，以及评估增长速度和潜力，从而为政策制定提供了基础数据。这一过程不仅帮助政策制定者和企业领导人深入理解数字经济的内部结构，包括主导行业、增长点和潜在风险，而且还指导了政策制定和资源配置，以应对市场需求、技术趋势和竞争环境的变化。此外，通过对数字经济发展状况的持续监测，可以评估相关政策和措施的效果，为政策调整提供依据，确保政策设计与实施能够适应快速变化的经济环境。同时，统计监测揭示了数字经济中的创新动态和竞争格局，为企业提供了市场信息，促进了健

康竞争和创新，推动了技术进步和产业升级。这种精准的数据分析不仅为政府提供了实时、可靠的信息支持，帮助制定更科学、合理的政策，而且还识别了发展中的问题和挑战，促进了数字经济的有序和可持续发展。在全球化背景下，统计监测还展示了国家或地区在国际市场中的竞争力，有助于识别国际市场的机会，推动经济全球一体化。因此，数字经济统计监测不仅是政策制定、经济规划和市场分析的基础，而且是增强国际竞争力、促进全球合作的关键工具，对于推动数字经济向着更加健康、创新和包容的方向发展具有重要意义。

在中国，随着《中华人民共和国国民经济和社会发展第十四个五年规划和 2035 年远景目标纲要》的发布，数字经济的核心产业增加值占 GDP 的比重被首次确立为反映创新驱动的关键指标。该目标旨在到 2025 年将数字经济核心产业的增加值比重提升至 GDP 的 10%，并强调了建立健全数字经济统计监测体系的重要性。紧随其后，国家统计局公布的《数字经济及其核心产业统计分类（2021）》（简称《统计分类（2021）》）首次界定了数字经济及其核心产业的范围，为数字经济的核算和比较提供了统一的标准。这一分类将数字经济分为五大类，包括数字产品制造业、服务业、技术应用业、要素驱动业和效率提升业，从而明确了"数字产业化"和"产业数字化"的基本范畴。《"十四五"数字经济发展规划》（简称《数字经济规划》）进一步指导各地区在"十四五"时期推进数字经济的发展，将数字经济核心产业增加值占 GDP 的比重定为衡量数字经济发展水平的首要量化指标，并提出了到 2025 年达到 10% 的目标。此外，《数字经济规划》还强调了深化数字经济理论和实践研究、完善统计测度和评价体系的必要性。为实现这一目标，提出要基于《统计分类（2021）》界定统计范围，建立一个基于大数据、人工智能、区块链等新技术的统计监测体系和制度，组织实施数字经济统计监测，定期开展数字经济核心产业核算，以准确反映数字经济的发展规模、速度和结构，提升治理的精准性、协调性和有效性。在此背景下，中国对数字经济统计监测体系的建设和完善展现了其对数字经济发展的高度重视。各地区在《统计分类（2021）》发布实施的基础上，不仅需要跟踪国际数字经济测度的研究进展，对比和梳理不同的核算方法，还需要结合国内的统计基础和数字经济发展的实际情况，总结实践经验和问题，进一步完善数字经济统计核算体系。此外，创新数字经济监测和评价方法，兼顾全面分析和细致洞察，对提升数字经济政策的前瞻性、针对性和有效性至关重要。这一系列措施不仅为"十四五"时期的数字经济规模统计和发展评价设定了更高标准，也为数字经济的统计和评价理论研究及实践提供了坚实的基础。

海南自贸港的建设是中国深化改革开放和推动经济高质量发展的关键战略，赋予了数字经济战略核心地位。海南省通过顶层设计和策略布局，将数字经济作为推动全面开放和经济结构转型的关键引擎。从 2020 年起至 2024 年，政府工作报告中关于数字经济的提及，逐年升级，体现了政府对于数字经济在推动地区发展中基础性和战略性作用的日益重视。2020 年，政府首次提出了"智慧海南"的建设概念，为数字经济在海南发展铺垫了基础。进入 2021 年，政府报告进一步明确了扩展数字经济规模的目标，并特别强调了产业数字化和数字产业化的双轨驱动，展现了对数字经济深层次发展的期待和计划。随后的年份，数字新基建和数字经济核心产业成为政策推进的重点，凸显了数字经济在提升区域竞争力和促进经济结构优化中的核心地位。《海南省高新技术产业"十四五"发展规划》进一步支持了这一战略布局，将数字经济定义为海南自贸港三大战略性新兴产业之一，明确了发展目标和路径，标志着对数字经济发展的长期规划和深度思考。同时，《海南省培育数据要素市场三年行动计划（2024—2026）》专注于数据要素市场化配置改革，旨在到 2026 年末建立完善的数据要素基础制度体系，显著推动数字经济高质量发展的目标。《海南省政府数字化转型总体方案

（2022—2025）》则从加强数字政府建设、推动数据共享和安全有序流动等方面，明确了数字化转型对提升政府治理能力和服务效能的重要性。而且，经过几年的发展，海南省在数字经济领域取得了显著成就，包括信息基础设施建设、数字政府和数字治理进步，以及数字产业化和产业数字化等方面的突破。特别是在数字基础设施建设方面，海南省实现了5G"县县通"，建成了海南省至香港的首条国际海底光缆，显著提升了海南的互联网出省带宽和5G网络覆盖。此外，海南的数字政府建设通过推出"海易办"和"海政通"等平台，有效推动了数据资源的开发利用和运营新模式。

在此背景下，海南自贸港实行数字经济统计监测评估显得尤为关键。数字经济统计监测评估，将为全面理解和推进数字经济的健康、高质量发展提供关键的数据支持和决策基础。通过对数字经济的发展态势、贡献与潜力进行精准评估和系统监测，海南不仅能够全方位了解数字经济的现状和趋势，还能识别增长点和优势领域，从而为政策制定和资源配置提供科学依据。这一过程将促进与国内外其他地区的比较，帮助海南省评估自身在全球数字经济版图中的位置，进而制定更为精确的战略，以增强竞争力。同时，统计监测评估也是推进海南省内数字经济健康发展的关键，确保经济社会全面数字化转型的过程中，能够及时调整和优化策略，应对挑战，把握机遇。通过深化数字技术在重点行业的应用，加快转型进程，海南将构建更为开放、创新、智慧的数字经济新体系，为海南自贸港乃至全国的高质量发展贡献力量。此外，数字经济统计监测评估还有助于提升政府服务效能，通过数据驱动政府决策和服务创新，推动数字经济与数字社会、数字生态的协调发展，从而助力海南成为具有全球影响力的国际旅游消费中心和国际经济交流合作的先行区。

二、数字经济监测评估的问题与难点

在全球经济体系中，数字经济正迅速成为推动增长和创新的关键力量。

随着这一领域的不断扩张和深化，监测和评估数字经济的发展状态成为了政策制定者、企业界和研究机构关注的焦点。数字经济的多元性、跨界性，以及其背后的快速技术演进，为统计监测和评估工作带来了前所未有的挑战。这些挑战不仅涉及如何界定数字经济的范围和边界，还包括如何有效收集、处理和分析相关的数据，以及如何在全球范围内建立统一的监测标准和方法。在这样的背景下，深入探讨这些问题并寻找解决方案，对于推动数字经济的高质量发展具有重要意义。

（一）范围和边界的界定

数字经济是一个高度动态和多样化的领域，其快速发展和不断变化的特性使得界定其范围和边界变得复杂。这个问题的核心在于，数字经济不仅包括传统的电子商务活动，还扩展到了诸如区块链、云计算、大数据等新兴技术领域。这些技术不断发展并催生新的业务模式和服务形态，从而扩大了数字经济的范畴。随着数字经济的边界不断拓宽，不同机构和研究者对于什么构成数字经济的看法和定义也出现了差异。一方面，这些差异反映了数字经济本身的复杂性和多元性；另一方面，它们增加了统计和监测的难度。因为没有统一的标准来界定数字经济，不同的研究和统计工作可能会采用不同的定义和范围，导致结果之间难以进行有效比较。此外，数字经济的多样性意味着它涉及众多领域，如电子商务、云计算、大数据，每个领域都在迅速发展并与其他领域交叉融合。这种交叉和融合进一步增加了界定数字经济范围的复杂性。国际间对数字经济的认识和定义也存在差异，缺乏一个广泛接受的界定标准，这不仅使得监测和评估工作难以统一开展，也给国际比较带来了困难。

可见，数字经济的范围和边界界定难度主要体现在其快速发展和内涵的多样性上，以及不同机构和研究者对其定义的差异。这种情况要求统计监测体系具有更高的灵活性和适应性,以准确捕捉和反映数字经济的实际情况。同时,需要国内外统计部门、学术界和业界共同努力,推动建立统一的数字经济定义和统计标准,以便更有效地监测和评估数字经济的发展。

(二)统计方法的适应性

统计方法的适应性问题突出体现在传统国民经济统计方法难以捕捉和量化数字经济的特点和价值创造。数字经济区别于传统经济模式,特别在于其产出往往是非物质的,并且大量服务是免费提供的。这些特点导致了传统经济统计方法,在应用于数字经济时的局限性和挑战。数字经济的产品和服务往往具有非物质性,如在线内容、软件、数据分析服务,它们的价值难以通过传统的物质产品产值方法来量化。这种非物质性质的产品和服务在数字经济中占有重要地位,它们创造的经济价值并不直接体现在物理产品的交易和消费上,而是通过提升效率、减少成本、增强用户体验等方式体现。数字经济中大量的服务是免费提供的,如社交媒体平台、搜索引擎和各种在线工具。这些服务虽然不直接产生交易收入,但却在促进信息流通、提高生产效率和创新能力等方面对社会经济作出了重要贡献。传统的 GDP 测算方法主要依赖于交易产生的货币流量,因此难以将这些免费服务的社会经济价值纳入统计。此外,数字经济的价值创造过程与传统经济模式有所不同。传统经济模式的价值创造往往基于物质产品的生产、交易和消费,而数字经济的价值创造则更多依赖于数据的收集、分析和应用,以及网络效应的产生。这种基于知识和信息的价值创造机制,使得传统的统计方法难以准确捕捉和反映数字经济的经济活动和贡献。

因此,面对数字经济的这些独特特点,传统的统计方法需要进行相应的适应和创新,以更准确地捕捉和反映数字经济的价值创造过程和经济贡献。这可能包括开发新的统计指标、采用新的数据来源和收集方法,以及创新统计的分析和计算模式。

（三）技术创新与经济贡献的剥离

技术创新与经济贡献的剥离问题主要指的是在数字技术与传统产业深度融合的背景下，如何精确分离并评估数字技术对经济增长的直接贡献。随着数字技术的广泛应用，它不仅催生了新的数字经济领域，也深刻影响了传统产业的运作模式和价值创造过程。这种影响导致了两个领域之间的界限变得模糊，从而增加了统计监测的复杂性。具体来说，数字技术如互联网、大数据、人工智能等在传统行业中的广泛应用，如智能制造、在线零售、电子支付，使得这些传统产业逐步数字化，其经营模式、生产流程乃至商业逻辑都发生了变化。这种变化在提高效率、降低成本、创新服务等方面对经济增长产生了直接影响。然而，由于数字技术与传统经济活动紧密融合，使得从统计数据中单独提取数字技术的贡献变得更加困难。此外，评估数字技术对传统产业转型升级的贡献也面临挑战。数字技术赋能传统产业的过程中，不仅涉及技术的应用和推广，还包括对产业结构、业务流程、市场模式等多方面的深刻影响。因此，需要综合考虑技术创新与产业发展的互动效应，以及这种互动对整体经济的影响。

为了解决这个问题，有必要研究和开发新的统计方法，这些方法应能够更精确地识别和衡量数字技术在不同产业中的应用效果和经济贡献。这可能涉及采用更加先进的数据收集技术、开发能够反映数字化转型效果的新指标，以及构建能够综合评估技术创新和经济贡献关系的分析模型。通过这些方法的创新和应用，可以更准确地衡量数字技术对经济增长的贡献，从而为政策制定和资源配置提供更加科学的依据。

（四）统计数据的获取和质量控制

随着数字经济的快速发展，产生了大量实时、动态的数据，这些数据的有效收集和处理对于确保统计数据的质量和可靠性至关重要。然而，如何适应数字经济的这一特点，并确保数据收集机制能够满足实时更新的需求，成为了重要的挑战。数字经济的特征之一是其动态性和实时性。例如，在线交易、社交媒体活动、网络搜索和流量等产生的数据都是实时变化的，并且体量巨大。这些数据不仅数量庞大，而且更新频率高，反映了数字经济活动的即时状态。因此，统计数据需要及时更新，以便准确反映数字经济的最新发展状况。然而，现有的数据收集机制，尤其是建立在传统经济统计基础上的机制，可能无法有效应对这种快速变化的环境，难以实时捕捉和处理大量的数字经济数据。此外，数字经济涉及大量非传统数据，如用户行为数据、网络流量数据等，这些数据的特点是多样性和非结构化，常规的统计方法难以有效获取和处理这些数据。这些非传统数据往往散布在不同的平台和系统中，需要采用新的技术和方法来进行收集、整合和分析。为了更好地反映数字经济的实际状况，还需要更新和完善统计指标体系。随着数字经济的发展和演变，一些新的经济活动、商业模式和技术创新出现，这要求统计指标体系能够不断适应这些变化，以准确捕捉和反映数字经济的各个方面。

统计数据的获取和质量问题在数字经济监测评估中具有关键性，需要通过改进数据收集机制、引入新技术和方法，以及更新统计指标体系等措施来解决。这样才能确保统计数据能够及时、准确地反映数字经济的动态发展情况。

（五）国际比较和标准统一

由于数字经济具有全球性特点，建立统一的国际统计标准和方法显得尤为必要，以便于各国之间进行有效的比较和评估。然而，在实践中，不同国家和地区对数字经济的定义、统计范围及方法上存在显著差异，这些差异给国际比较带来了明显的困难。关于数字经济的定义，不同国家和地区可能有不同的理解和诠释。一些国家可能将重点放在信息和通信技术行业的贡献上，而其他国家则可能更广泛地包括基于数字技术的各种服务和活动。这种定义上的差异直接影响到统计范围和数据收集的侧重点。在测量数字经济的方法和指标上，不同国家和地区也存在差异。有些国家可能更侧重于直接的经济输出，如数字商品和服务的销售额，而其他国家可能考虑到数字技术在促进整体经济效率和生产力方面的间接影响。因此，即便是相似的经济活动，在不同国家的统计和评估方法中可能被归类和测量得不同。这些差异导致了国际间数据比较的复杂性，使得评估和比较不同国家和地区的数字经济发展水平变得复杂和困难。缺乏国际统一的统计标准和方法不仅使得比较结果可能不具备完全的可比性，也可能阻碍了对全球数字经济发展趋势的准确理解和分析。

为了克服这些问题，需要国际社会共同努力，推动建立更加统一和标准化的数字经济统计方法。这包括统一的定义、统计范围、数据收集和分析方法等，从而使得不同国家和地区的数字经济统计数据具有更好的可比性，进而促进全球数字经济的健康发展和合作。

综上所述，数字经济的统计监测评估是一个复杂且多维的挑战，它不仅要求精确理解数字经济的内涵和特性，还要求在统计方法和技术上进行创新和适应。解决这些问题和难点需要国内外统计机构、政策制定者，以及数字经济领域的各方参与者共同努力，以形成广泛认同的定义、统计范围和测量方法。此外，利用新兴技术改进数据收集和处理过程，将有助于提高监测的效率和准确性。通过全球协作和知识共享，可以更好地捕捉数字经济的动态，为制定相关政策和策略提供科学、准确的数据支持，从而促进全球数字经济的健康发展和合作。

第二节 数字经济统计监测国内外实践

数字经济这一概念最早可以追溯到 20 世纪 90 年代中期。数字经济统计监测是衡量和评估数字经济规模、结构、效率和影响的重要手段，不同国家和地区根据自身发展水平、政策需求和技术能力，采取了各种做法和内容来监测数字经济的发展。较为有影响力的是一些国际组织和中国、美国、英国、韩国、日本等国家。

一、国外实践

（一）国际组织的监测评估实践

OECD、WTO、WB、EU 等国际组织都有关于数字经济的统计监测实践。这些实践旨在为全球数字经济的发展提供数据支持、政策分析和国际比较。其中，OECD 发布了多项报告和指标来监测数字经济的发展，包括"数字经济展望"等定期出版物，这些报告提供了关于数字经济发展、趋势和政策的深入分析；OECD 还开发了一系列统计数据库，如信息通信技术 Access and Usage by Businesses and Households，收集和发布成员国和非成员国在信息通信技术接入和使用方面的数据，为数字经济政策提供指导，包括隐私保护、数据治理、人工智能等方面的原则和指南，例如，OECD 的《隐私指南》和《人工智能原则》为全球数字经济政策制定提供了重要参考。WTO 则重点关注电子商务对全球贸易的影响，并监测数字经济在全球贸易中的角色，其工作涉及电子商务谈判、跨境数据流动等重要议题；WTO 的"全球电子商务对话"等平台，为成员国提供了讨论电子商务和数字经济相关政策和挑战的机会；WTO 还定期发布研究报告，如《世界贸易报告》，其中经常包含数字经济和电子商务对全球贸易影响的深入分析。WB 旨在评估和促进全球范围内数字技术对经济发展的影响，涵盖数字经济的规模和增长，以及数字技术如何促进包容性增长、改善服务提供和提高生活质量等多个方面；其发布的《世界发展报告》系列中的多个版本，深入探讨了数字经济的多个方面，特别是 2016 年的《世界发展报告：数字红利》，这一报告详细分析了数字技术如何对全球发展产生深远影响，以及如何更好地实现这些技术的潜在利益；WB 为支持非洲国家评估其数字经济的现状和潜力，开发了数字经济国家诊断工具，用以识别和实现数字基础设施、数字技能、数字平台、数字金融服务和数字企业环境等关键领域的数字化转型；在数据收集方面，WB 主要利用各种调查和数据收集工具，如企业调查和全球金融发展数据库，收集有关数字经济的关键统计数据，帮助评估数字接入、使用和对经济影响的情况。EU 采取了一套综合的方法来统计监测数字经济的发展，旨在评估成员国在数字化方面的进步和挑战。这种做法主要体现在其"数字经济与社会指数"（DESI）上，DESI 是评估和比较欧盟成员国数字竞争力的关键工具，它涵盖互联网连接、人力资本、互联网服务使用、数字技术整合和数字公共服务五个主要维度，数据主要来自欧盟统计局、国际电信联盟、世界经济论坛和其他公认的国际和欧洲机构。

（二）美国的监测评估实践

美国对数字经济的统计监测实践是全面且发展成熟的，涉及多个政府部门和机构。这些实践不仅关注数字经济的直接产出，如电子商务和数字服务，还包括数字技术对传统行业的影响、就业、创新及社会福利等方面。经济分析局（Bureau of Economic Analysis，BEA）是美国数字经济统计监测的核心机构之一，负责编制国民经济核算，包括 GDP 和相关的经济指标。近年来，

BEA 开始更加重视数字经济的度量和分析，其开发了数字经济卫星账户，旨在更准确地度量数字经济对美国经济的贡献。这一账户提供了关于数字经济产出、就业和投资的详细数据；还定期发布有关数字经济的研究报告，这些报告深入分析了数字经济的各个方面，包括其在总体经济中的比重、增长趋势，以及在特定领域（如云计算、数字媒体等）的表现。美国普查局通过其电子商务报告和其他调查收集有关数字经济的数据，特别是在零售电子商务方面，如年度零售贸易调查，该调查包含了电子商务销售数据，为理解数字经济在零售领域的影响提供了重要信息；其还发布服务年鉴，提供服务行业，包括数字服务领域的收入数据。劳工统计局则通过职业就业统计：提供了关于 IT 和数字相关职业的就业和工资数据，分析数字经济对劳动市场的影响。联邦通信委员会通过监测和报告美国的互联网接入和宽带部署情况，为理解数字基础设施的发展提供了数据支持，其发布的宽带部署报告，评估全国宽带接入情况，包括速度、覆盖和采用率等数据。

（三）英国的监测评估实践

英国在数字经济统计监测方面采取了一系列的措施，旨在全面理解和评估数字经济对国家经济的影响，这些措施不仅涉及数字产业本身的评估，还包括数字技术在各个经济领域中的应用和影响，也涉及了多个国家机构和部门。其中，英国国家统计局在数字经济统计监测方面扮演了核心角色，通过各种调查和报告提供关于英国数字经济的详细数据和分析，包括年度商业调查，主要收集有关企业在信息通信技术使用、电子商务销售和采购等方面的数据；信息通信技术采纳和使用调查，专注于评估企业和家庭如何采用和使用信息通信技术"互联网接入-家庭和个人"调查：提供关于英国家庭和个人使用互联网的详细信息，包括在线购物、社交媒体使用等行为；以及发布的一系列数字经济报告，深入分析了数字经济在英国经济中的作用，包括对就业、生产率和行业结构的影响。英国数字、文化、媒体和体育部（Department for Digital，Culture，Media & Sport，DCMS）负责制定政策，推动英国的数字经济发展，并监测其进展，其发布的报告和统计数据提供了关于英国数字经济的宏观视角。如 DCMS 定期更新其数字经济战略，明确政府在支持数字经济发展方面的目标和措施；其发布数字技能和包容性报告，关注提高全民数字技能和确保数字经济增长的包容性；以及对数字部门经济进行估算，提供数字部门对英国 GDP 的贡献评估，以及就业和企业活动的相关数据。英国通信管理局主要负责监督和促进英国的电信和广播领域，包括数字基础设施的发展，其每年发布的通信市场报告，提供有关英国通信服务使用情况的全面分析，包括宽带和移动服务的覆盖、质量和价格。

（四）日本和韩国的监测评估实践

日本和韩国在数字技术和数字经济的发展均排在世界前列，它们对于数字经济的统计监测实践投入了大量的资源和努力，体现了对技术创新和数字化转型的高度重视，且均通过多个机构和一系列的统计调查、政策分析及国际合作，全面监测和促进国家的数字经济发展。

日本独立行政法人信息处理推进机构负责维护信息技术综合数据库，收集和发布有关信息技术产业的详细数据，包括市场规模、就业情况和技术发展趋势等；日本内阁府负责推动电子政务的发展，发布有关政府信息化进展的统计和报告，如 e-Government 计划，旨在提高行政效率和公共服务的质量；经济产业省制定并执行旨在促进信息经济发展的政策，发布有关电子商务、云计算、大数据等领域的产业分析报告，其每年发布的信息通信白皮书，提供了对日本信息通信技术利用现状和发展趋势的全面分析；公务省负责收集和发布有关通信基础设施、互联网使用情况、移动通信和广播服务等方面的统计数据，通过定期对个人和企业进行信息通信技术利用状况调查，收集有关信息通信技术利用情况的详细数据；日本银行主要负责分析数字经济的影响，评估数字化转型对经济增长、货币政策和金融稳定的影响。

韩国国家统计局负责收集和发布与国家经济、社会和文化相关的官方统计数据，在数字经济方面，KOSIS 提供了涵盖信息通信技术产业发展、电子商务、信息服务业，以及科技创新等方面的详细统计数据。如信息通信技术产业统计，包含信息通信技术产业的生产、出口和就业等相关统计数据，为了解韩国数字经济的产业基础提供了重要信息；电子商务统计，用以监测电子商务交易规模、消费者行为和在线零售市场的发展趋势。韩国科学技术信息通信部是韩国推动科技创新和信息通信技术发展的主要政府部门，致力于制定和实施相关政策，以促进数字经济增长，包含宽带互联网发展报告和数字经济创新计划等，提供宽带互联网接入服务的覆盖情况、速度和质量等统计数据，支持数字基础设施的优化和扩展，以及数字技术创新、数据经济和人工智能等领域发展的政策。韩国信息化振兴院是韩国推进信息化政策和项目的核心机构，其研究和报告为政府和公众提供了关于韩国数字经济发展状态的深入分析，比如数字经济和社会指数报告，评估了韩国数字政府、电子健康、智能教育等领域的成就。韩国互联网振兴院在互联网基础设施安全和网络信息安全领域扮演关键角色，其发布的网络安全年度报告，提供网络安全事件、数据泄露案例和网络攻击趋势的统计分析，帮助监测和提升数字经济环境的安全性。

二、国内实践

中国数字经济的统计监测体系正在不断完善和发展，以适应数字经济快速增长的需要。自 2015 年起，国家统计局便开始针对"三新"经济（新产业、新业态、新商业模式）的统计研究。2016 年 4 月，推出了针对这些新兴领域的专项统计报表制度，进一步于 2017 年 7 月把新经济核算纳入到国民经济核算体系中。到 2018 年 8 月，研制出了"三新"经济的统计分类，并在 2021 年 4 月，确立了《新产业新业态新商业模式统计监测制度》。在此过程中，2017 年对《国民经济行业分类》的修订中，国家统计局首次引入了"互联网和相关服务"这一大类，并进一步细化为包括互联网生产服务平台、互联网生活服务平台、互联网科技创新平台、互联网公共服务平台，以及其他互联网平台等五个中小类别。此外，还将网上直播等活动纳入到了互联网其他信息服务类别中，为平台经济的数据收集、处理和分析提供了全新的规范和标准，为数字经济的统计监测工作奠定了坚实的基础。随后发布的《统计分类（2021）》和《"十四五"数字经济发展规划》等重要文件，标志着数字经济统计监测与评估的框架已经建立，为未来的发展提供了坚实的支撑。2023 年 5 月，国家统计局印发《数字经济统计监测制度（试行）》（以下简称《监测制度（试行）》），全面推动开展数字经济统计监测工作，以反映我国数字经济发展规模、速度、结构和效益；该制度为数字经济的统计监测提供了标准化的框架，有助于统一全国各地区对数字经济监测的方法和指标，确保数据的可比性和一致性，从而提高数据收集的准确性和可靠性，提升数据质量，为政策制定和经济规划提供科学依据；同时，统一的统计监测制度使得不同地区之间可以进行有效的数字经济发展比较，有助于识别和分享最佳实践，推动地区间的协作和学习，还可以增强中国数字经济统计数据与国际数据的兼容性和可比性，为国际交流和合作提供基础。

在《统计分类（2021）》正式发布之前，浙江省、重庆市等众多地区已依据各自的实际情况，编撰了数字经济核心产业的分类目录和统计报表体系，开创性地对各自地区数字经济的发展规模进行了测量和探索。同时，湖

数字经济统计监测与核算研究

北省、江西省等地也开始构建数字经济评估的指标体系，该体系涵盖信息基础设施建设、产业发展、创新能力提升、数字化生活改善等多个维度，全面展现了数字经济的发展程度。地方政府应把握这一契机，深入分析数字经济发展的现状，通过比较分析，找出并弥补在关键能力方面的不足，识别并发挥各自的数字经济发展优势，以促进产业的高质量增长。根据国家统计局网站上的信息，目前，北京、广东、浙江、福建、贵州、重庆、湖南、湖北、广西、江苏、江西、辽宁、青海、苏州、新余等十几个省、市已初步编制了本地区的数字经济统计监测工作方案和监测制度，并开展了一定程度的统计实践。其中北京、浙江、福建和贵州在数字经济领域展现出了引人瞩目的成就。具体来说，浙江在三产数字化渗透方面达到了 47.5%的高比率，位列全国各省之首（除北京外）。同样，福建在其 GDP 中产业数字化的比重为 50.7%，也是全国领先（除北京外）。贵州近 5 年数字经济规模复合增速高达 18.1%，领跑全国。绝大部分省市的统计监测仅限于省、市内部使用，没有公开发布数据，因此，本书基于资料收集的程度和地理区域，仅重点考察北京、浙江和贵州的监测实践，为海南自贸港数字经济统计监测框架设计提供参考和借鉴。

（一）北京市的监测评估实践

北京市对标全球数字经济标杆城市进行监测评价体系的设计，以高质量发展为核心导向，将数字经济的监测评估维度分为数字经济底座层和数字经济贡献层两个部分，如表 2-1 所示。数字经济底座层涵盖了数字化基础设施、数据资源要素和数字技术创新 3 个一级维度，进一步细化为 9 个二级维度和 17 个三级指标。数字经济贡献层则包含了数字产业发展、数字产业应用和数字社会治理 3 个一级维度，拓展到 10 个二级维度和 31 个三级指标。

表 2-1 北京市全球数字经济标杆城市监测评估指标体系

类别	一级维度	二级维度	三级指标
数字经济底座	数字基础设施	基础设施	5G 基站建成数、新基建固定资产投资额、增速及占全市比重、城市人均算力
		运营水平	每百位居民移动用户数量 5G 终端用户普及率 千兆宽带家庭普及率
		环境基础	营商环境便利度
	数据资源要素	开放共享	公共数据开放指数
		数据交易	大数据交易额增速
	数字技术创新	创新投入	全社会研发投入强度、数字经济企业研发投入强度
		创新环境	全球科技创新中心指数
		创新能力	数字经济专业毕业生人数增速及占比、信息通信技术从业人员占全市从业人员比重、研发人员占全市从业人员比重
		创新成果	中关村自主创新示范区企业收入及增速、计算机科学领域顶级期刊论文发表量、数字经济发明专利授权量及占比
数字经济贡献	数字产业发展	规模结构	数字经济增加值增速 数字经济核心产业增加值占全市比重 电子商务交易额占全国电商交易额的比重
		发展潜力	全球市值 Top100 数字经济标杆企业占比、数字经济独角兽企业数量占全球比重、数字经济公开企业融资额规模,以及非公开融资事件数
数字经济贡献	数字产业发展	对外开放	可数字化服务贸易额、跨境电子商务交易额、数字经济对外投资规模、数字经济利用外资规模
	数字产业应用	数字制造	数字制造企业总产值增长率、数字制造企业技术合同成交额、增速及占全市比重
		数字出行	智能网联道路建成数、自动驾驶道路里程、公共交通移动支付日均服务人次、经营性备案停车场动态数据接入率、重点互联网出行平台月度活跃用户数
		数字医疗	重点互联网医疗平台月度活跃用户数、市民一人一码个人健康记录覆盖率
		数字教育	互联网教育平台在线学习人次
		数字金融	第三方移动支付金额增速、北京市金融科技重点企业营业收入、北京市金融科技创新监管试点应用项目数及占全国比重、网上支付跨行清算系统业务量、电子银行替代率
	数字社会治理	数字政府	市、区两级政务服务事项全程网办率、市、区两级政务服务事项实际办件网办比率、在线政务服务用户月活数、电子营业执照总应用量
		数字生活	数字生活市民满意度、水、电、燃气系统末端系统智能化率

这些指标的数据来源于北京市统计局、北京市经济和信息化局、北京市

地方金融监督管理局、中国证券监督管理委员会北京监管局、北京市商务局、北京市通信管理局、北京市知识产权局、北京市政务服务管理局、北京市水务局、北京市科学技术委员会、北京市交通委员会、北京市卫生健康委员会、北京市教育委员会、北京市城市管理委员会、中关村科技园区管理委员会、北京市经济技术开发区管理委员会等 16 个部门。这些数据涵盖了自 2015 年以来的资料和部分外部数据。

在指标赋权方面，研究采用了"德尔菲法＋一/二级维度分层构权法＋三级指标等权法"，从而构建了数字经济监测评估的定基指数和标杆指数。

（二）浙江省的监测评估实践

2018 年，浙江省发布《浙江省数字经济核心产业统计分类目录》，界定了 7 大类、128 个小类行业作为数字经济核心产业的统计范围，并在全省推广。同年，浙江省经济和信息化厅与浙江省统计局共同发布《浙江省数字经济发展综合评价办法（试行）》，依据科学、透明、公正的评估原则，采用系统与导向相结合、前瞻与可操作性相结合、全面与重点相结合、动态监测与集中评估相结合的方法，对省内各地数字经济发展水平及成效进行年度评估。该评价指标体系包含 5 大类、10 个一级指标及 30 个二级指标，总权重为 100，涵盖基础设施、数字产业化、产业数字化、新模式，以及政府与社会数字化等方面，各类别权重分别为 20、28、22、15 和 15。如表 2-2所示。

表 2-2 浙江省数字经济发展综合评价指标体系

类别	一级指标	二级指标
基础设施（20）	网络基础设施	城域网出口带宽、固定宽带端口平均速率、每平方公里拥有移动电话基站数量
	数字网络普及	固定互联网普及率、移动互联网普及率、付费数字电视普及率（含IPTV）、信息进村入户覆盖率

续表

类别	一级指标	二级指标
数字产业化 (28)	创新能力	数字经济核心产业研发经费相当于营业收入比重、人均拥有数字经济核心产业有效发明专利数、数字经济核心产业制造业新产品产值率
	质量效益	数字经济核心产业增加值占 GDP 的比例、数字经济核心产业劳动生产率、数字经济核心产业制造业亩均税收
产业数字化 (22)	产业数字化投入	企业每百人中信息技术人员数量、企业每百名员工拥有计算机数、信息化投入占营业收入比例
	产业数字化应用	企业使用信息化进行购销存管理普及率、企业使用信息化进行生产制造管理普及率、企业使用信息化进行物流配送管理普及率
新业态新模式 (15)	电子商务	人均电子商务销售额、网络零售额相当于社会消费品零售总额比例、工业企业电子商务销售额占营业收入的比重
	数字金融	人均银行机构网上支付、移动支付业务量
政府和社会数字化 (15)	数字民生	人均移动互联网接入流量、客车 ETC 使用率
	数字政府	服务方式完备度、服务事项覆盖度、办事指南准确度、在线办理成熟度、在线服务成效度

根据浙江省数字经济发展综合评价办法，省经济和信息化厅与省统计局联合确立了一套数字经济发展评价指标统计体系，负责定期收集地市级别的评价基础数据，并委托独立第三方机构对数据进行梳理、审计、查询及验证。经过验证的数据将被用于综合评价，形成《浙江省数字经济发展综合评价报告》，并提交给相关部门审核。然而，该评价体系并未包括对数字经济规模的具体核算。目前，浙江省在产业数字化规模测算方面仍处于探索阶段，使用模型测算法产生的数据波动较大，并且与中国信息通信研究院的测算结果存在差异。因此，省统计局的测算数据仅供内部使用，不向外界发布。

（三）贵州省的监测评估实践

贵州省于 2016 年先行一步，推出了《贵州大数据产业统计报表制度（试行）》，这是我国首个由国家统计局认可的省级大数据产业统计报表制度（见表 2-3）。至 2020 年 6 月，该制度的更新版正式投入使用。旨在对大数据产业的企业法人单位开展基础数据采集,覆盖范围涵盖全省的大数据及相关领域的法人企业,依据企业的主营业务,将其分为直接从事大数据业务的"大数据企业",以及将大数据技术融合应用于传统产业生产过程中的"企业大数据"。此制度的调查内容包括大数据产业的发展规模、企业数量、数据存储与交易、人才库存及企业经营状况等多个维度,通过5张综合表和3张基础表反映,由省级统计局汇总基础数据及加工资料编制而成。此外,该报表制度报表分为半年报和年报。每半年形成一份统计报告,仅作为内部工作参考,而对外公布的大数据产业经济规模数据,则采用中国信息通信研究院的测算结果。

表 2-3 贵州省大数据产业统计报表制度目录

（一）综合表			
表号	表名	频率	报送单位
BDZ01	贵州省大数据产业发展规模情况	半年报	省统计局
BDZ02	贵州省信息基础设施情况	半年报	省大数据局
BDZ03	贵州省大数据产业企业情况	半年报	省统计局
BDZ04	贵州省大数据产业制造业产值及主要产品情况	半年报	省统计局
BDZ05	贵州省大数据产业企业主要财务指标	半年报	省统计局
（二）基层表			
表号	表名	频率	报送单位
BDJ01	贵州省大数据产业企业基本信息	半年报	企业
BDJ02	贵州省大数据产业企业发展情况	半年报	企业
BDJ03	贵州省大数据产业企业主要财务指标	半年报	企业

第三节 海南自贸港数字经济监测评估的总体框架

一、构建思路

2024 年初,海南省发布的《海南省培育数据要素市场三年行动计划

（2024—2026）》（以下简称《行动计划》）标志着海南自贸港在数字经济领域的发展进入了一个新的阶段。这份《行动计划》不仅基于海南省作为国家公共数据资源开发利用的试点省份的实践经验，而且深入贯彻了"数据二十条"的文件精神，从 9 大方面提出了 24 条具体行动。这些行动旨在进一步完善与自贸港相适应的数据基础制度，加快海南数据要素市场化配置改革，以做大做强做优自贸港数字经济。为支撑《行动计划》的有效实施，海南省亟需建立一个全面、系统的数字经济统计监测体系。

本书遵循《统计分类（2021）》和《监测制度（试行）》的指导原则，旨在构建一个既符合国家数字经济发展总体政策与要求，又贴合海南自贸港建设目标和特点的数字经济统计监测评估体系。该体系设计和实施的核心目标双重：一方面，确保海南省的数字经济统计监测工作全面遵循国家关于数字经济发展的策略，为海南自贸港在全国数字经济布局中的有效融合与共同进步提供数据支持和政策指导；另一方面，体系的建立旨在深度反映海南自贸港的独特建设需求和特色，通过促进区域内外的协同发展，使海南自贸港在推动国内数字经济整体进程中扮演更加积极和核心的角色。

二、构建原则

构建海南自贸港数字经济统计监测体系需遵循以下原则，以确保该体系既符合国家战略也贴合海南自贸港的特色和需求。

（一）可比性原则

选取的监测指标应能够准确反映数字经济的内涵和发展特点，同时应考虑其在不同国家及地区间比较分析的适用性，确保指标既有普遍意义又与国家的相关标准和制度，以及国际上的一些做法相一致。本监测体系依据《统计分类（2021）》和《监测制度（试行）》等国家指导文件，保障数据收集、处理和报告的方法与全国一致，从而确保数据的有效性和比较分析的准确性。并与国际一些地区具有可比性。

（二）多元化原则

监测体系优先考虑体现数字经济发展导向和要求的重点指标，确保指标体系聚焦关键领域，同时，考虑覆盖海南自贸港数字经济的各个方面，包括核心产业、支撑产业，以及数字经济对传统产业的渗透和改造情况等，为数字经济发展的多维度、系统性分析提供数据基础。此外，统计监测充分利用多种数据来源，主要是国家常规调查数据、企业调查、行政记录等方法。本书建议探索数字技术和大数据分析等新技术在数据收集中的应用。

（三）可操作性原则

构建的统计监测体系应兼顾统计的可行性和实际操作性，包括明确的指标体系、实施步骤、数据收集与处理方法等，充分利用现有统计数据，以减轻数据收集的负担。此外，还应建立定期更新和评估机制，确保体系能够适应数字经济快速发展和变化的需要。体系的设计应便于政府部门、企业，以及研究机构等各类用户易于理解和使用，从而有效地支持政策制定、产业发展和科学研究。

（四）区域特色原则

体系的设计需要充分考虑海南自贸港的区域特色和发展优势，如旅游、热带农业、高新技术产业，以及海南在国内外数据流通和数字贸易中的特殊地位。这意味着，统计监测体系不仅要反映海南自贸港数字经济的总体状况，还要能够凸显其在某些领域或特定产业中的创新成果和发展潜力。

（五）动态调整原则

鉴于数字经济的快速发展和技术创新，统计监测体系需要不断适应新的发展趋势和挑战。这要求体系在构建之初就考虑到灵活性和适应性，能够及时纳入新兴产业、新技术应用以及新的业务模式，保持统计监测工作的前瞻性和创新性。

三、总体框架

本书拟建的海南自贸港数字经济统计监测体系包括明确数字经济监测范围、构建监测指标体系与数据收集、数据处理与分析、发布监测数据和报告，以及建立反馈机制五个有逻辑层次的部分。其中，确定监测内容和统计范围是数字经济统计监测的基础步骤，其奠定了监测工作的整体框架和范围；构建监测指标体系和数据收集是数字经济统计监测的核心环节，直接影响着对数字经济发展情况的全面了解和有效评估；数据处理与分析则是数字经济统计监测的研究应用，通过对收集到的数据进行加工处理和深度分析，从中挖掘出有价值的信息和规律，为决策提供科学依据，由于还没有全面的统计监测数据，本书只介绍数据处理的一般方法；发布监测数据和报告是数字经济统计监测的结果阶段，将经过处理分析的数据，以及相关的研究报告向社会公众和决策者发布，使其了解数字经济发展状况和趋势；建立反馈机制是数字经济统计监测的制度保障，通过收集用户的反馈意见和建议，及时调整和完善监测工作流程和方法，确保监测工作的科学性和准确性。

（一）监测范围

本书的统计范围覆盖了一系列以数据资源作为关键生产要素、以现代信息网络为重要载体、以信息通信技术的有效使用为动力的经济活动，包括数字产业化活动和产业数字化活动。数字产业化作为数字经济的核心组成部分，内容为《统计分类（2021）》01 至 04 四大类。其中，01 数字产品制造业，包括智能硬件、高性能计算设备等数字技术产品的制造，这些产品是数字经济发展的物质基础；02 数字产品服务业，涉及软件开发、云计算服务、大数据分析等服务型产业，这些服务为数字经济提供了强大的技术支撑和服务保障；03 数字技术应用业，包括将数字技术应用于各行各业以提升产业效率和创新能力的业务，如智慧城市、智能物流等；04 数字要素驱动业，关注数据资源开发利用、数字知识产权等新兴业态，这些业态是数字经济创新发展的重要推动力。产业数字化作为数字经济渗透和带动传统经济的关键方面，内容为《统计分类（2021）》05 数字化效率提升业，旨在通过信息通信技术的有效使用，推动传统产业效率提升和经济结构优化，如通过数字化转型提升的农业生产效率、金融服务创新等。这些活动不仅包括传统的"一套表"法人单位，还扩展到了农业、金融、教育、医疗、公共服务等多个行业的法人单位。旨在更加全面地捕捉到海南自贸港数字经济的全貌，包括在传统行业中数字技术的应用情况及其对行业发展的推动作用，数字经济新业态、新模式的兴起及其对经济结构优化的贡献，以及数字经济在促进公共服务领域改革和提高民生服务水平方面的作用等。

（二）构建监测评估指标体系与数据收集

1. 数字经济统计监测评估指标体系构建维度

数字经济监测指标的选取是监测体系最核心的环节，体现了监测评估的具体内容。本书将在下一节对数字经济统计监测的关键指标进行详细阐述，本节只讨论指标体系的构建依据和维度，以及基本的数据搜集方法。根据数字经济的定义和内涵，参考各地的统计实践，海南自贸港数字经济统计监测评估指标体系依据《监测制度（试行）》SZ301 表内容，划分为数字经济发展规模指标、数字经济基础设施指标、数字技术创新指标和数字化应用指标四个维度，并根据各个维度的主要内涵、实际发展情况以及指标数据的可得性予以针对性地设计各维度的具体监测指标内容（见表 2-4）。

表 2-4　海南省数字经济统计监测评估指标维度

监测维度	维度解析	监测内容
数字经济发展规模	全面把握数字经济对地区经济发展的贡献，以及数字化转型在促进经济增长、提升生产力中的作用	核心产业内各行业的主体数量企业数量、营收能力、研发投入等方面的发展变化情况；重点典型行业领域的数字化应用情况
数字经济基础设施	指以光纤宽带、5G 网络、物联网、互联网数据中心（IDC）等为代表的新一代信息基础设施及其相应的互联网络环境，反映了数字经济发展的硬性基础和依托环境	固定互联网、移动互联网、物联网、互联网数据中心（IDC）的硬件基础、运行性能和用户覆盖等方面的建设发展情况
数字技术创新	衡量一个地区在数字技术研究、开发和创新方面的能力，是推动数字经济发展的核心动力	科研投入资金、新技术专利授权数、科技创新项目启动与完成数量、以及技术成果转化率等
数字化应用	衡量数字技术在各个产业及社会领域中的广泛应用及其转型效果	电子商务的交易规模、在线教育的参与度、以及数字医疗服务的接入率等

（1）数字经济发展规模维度

数字经济发展规模维度致力于精准评估数字经济在加强地区整体经济结构中的核心作用与贡献度，主要通过考量数字经济增加值及其在总体 GDP 中的比重来实现。这不仅包括数字经济的核心产业，也涵盖了数字技术与传统产业融合带来的增值和效率提高，进而凸显数字经济在推动地区经济增长中的重要地位和影响力。数字经济核心产业主要指那些提供数字化技术、产品、服务及基础设施解决方案的行业，以及那些完全基于数字技术和数据资源运作的经济活动。根据《统计分类（2021）》中的 01～04 大类，即数字产业化部分，包括但不限于数字产品制造业、数字服务业、数字技术应用业及数字要素驱动业，这些行业构成了数字经济发展的基石。数字经济融合产业则指那些通过应用数字技术和数据资源为传统行业带来产出增加和效率提升的经济活动，这是数字技术与实体经济深度融合的表现，对应《统计分类

（2021）》中的 05 大类，即产业数字化部分，主要关注数字化效率提升业。在具体的监测工作中，对于数字产业化的监测需关注核心产业各行业的企业数量、营收能力、研发投入等关键发展指标；而对于产业数字化的监测，则需细致评估国民经济各主要行业在生产、配送、销售等关键环节的数字化应用情况及其带来的成效。通过这样的综合评估，可以全面把握数字经济对地区经济发展的贡献，以及数字化转型在促进经济增长、提升生产力中的作用。

（2）数字经济基础设施维度

数字经济基础设施维度致力于评估那些建设和支持数字经济蓬勃发展的关键物理和技术环境。面对当前及预见的未来发展需求，这一维度特别强调光纤宽带、5G 网络、物联网、互联网数据中心等现代信息技术基础设施及其配套网络环境的重要性。在评价的具体实施上，将全面审视固定互联网、移动互联网、物联网，以及互联网数据中心的设施建设，关注它们在技术装备、性能运营，以及终端用户服务范围等多个方面的进展与效率。通过深入监测这些基础设施的部署状况和服务能力，旨在确保数字经济的基底坚实，为数字技术的广泛应用和创新提供稳定的支撑，从而助力数字经济在区域内的健康成长和扩张。

（3）数字技术创新维度

数字技术创新维度专注于衡量一个地区在数字技术研究、开发和创新方面的能力，作为推动数字经济发展的核心动力。鉴于当前及未来的技术趋势，此维度着重关注在人工智能、大数据、区块链、云计算等前沿技术领域的创新活动及其产出。在具体评估上，数字技术创新监测将涵盖科研投入资金、新技术专利授权数、科技创新项目启动与完成数量，以及技术成果转化率等关键指标。这些指标不仅揭示了地区在数字技术创新方面的综合实力和活力，也显现了科技创新在促进数字经济持续增长和行业升级中的重要作用，从而反映了技术进步如何为经济社会发展提供新的动能和方向。通过深入了解和评估数字技术创新的成效,可以有效促进地区科技创新环境的优化和数字经济的健康发展。

(4)数字化应用维度

数字化应用维度旨在衡量数字技术在各个产业及社会领域中的广泛应用及其转型效果。通过关注电子商务的交易规模、在线教育的参与度,以及数字医疗服务的接入率等关键指标,此维度深入探究了数字技术普及与应用的实际成果。它不仅展示了各行业如何借助数字化实现效率的提升和模式的创新,也体现了数字化进程如何推动经济增长、促进社会发展,并改善公众生活品质。此外,通过对这些应用成效的综合评估,可以揭示数字经济在加速行业升级、激发新的增长动能,以及提高服务质量和效率方面的关键作用。总体而言,数字化应用维度为理解数字技术对现代社会变革的贡献提供了宝贵的视角,凸显了数字化转型在推动经济与社会全面进步中的核心地位。

本指标体系的设计与国家数字经济统计监测制度的标准相符,确保了其评估结果的通用性和比较性,使海南自贸港的数字经济发展状况可以与其他地区进行有效比较。这种方法论上的一致性为地区间的数字经济发展水平提供了客观、标准化的比较依据,有助于识别和分享最佳实践,进而推动区域间的经验交流和政策创新。

2. 数据收集方法

为了建立一个全面、准确反映海南自贸港数字经济发展状况的统计监测体系,必须采取综合性的数据收集方法,既利用已有的统计资料,也针对数据缺口实施补充调查,努力做到既符合统计工作实际,又能反映数字经济发展情况,为政策制定、产业指导提供有力的数据支持。具体来看,应当包括以下五个重点。

(1)常规统计调查的扩展和深化

立足于《一套表统计调查制度》,不仅要通过常规统计调查收集数字经济的基本情况，如规模、结构、效益、从业人员，还需要进一步深化这些调查，以捕捉数字经济发展的新特点、新趋势。例如，对于新兴的数字经济模式和业态，如云计算、大数据、人工智能，需要设计更具针对性的调查项目和指标，确保能够全面反映数字经济的最新发展。

（2）部门资料的整合与利用

除了依赖常规的统计调查外，还需充分利用政府各部门的行政记录和统计资料，特别是那些常规统计调查可能未能覆盖的领域，如农业、金融业、公共管理和社会组织。这需要建立跨部门数据共享机制，通过整合和分析这些部门资料，填补数字经济统计监测中的空白，提高数据收集的全面性和精确度。

（3）补充调查的策略和执行

针对那些仅有部分经济活动属于数字经济的单位，应开展有针对性的补充调查。这类补充调查的目的在于精确认定哪些单位属于数字经济核心产业，以及获取这些单位在数字化转型和效率提升方面的基础数据。补充调查应当设计合理的调查问卷、明确调查目标和范围，确保能够有效地收集到关键的数据信息。

（4）大数据和新技术的应用

在现代数字经济的统计监测体系中，应充分利用大数据分析、云计算、人工智能等新技术手段。通过分析社交媒体、电子商务平台、在线服务等海量数据，可以从另一个角度捕捉数字经济的发展动态，补充传统统计方法可能遗漏的信息。同时，利用新技术可以提高数据处理的效率和准确性，为决策提供更加及时、全面的支持。

在整个数据收集过程中，必须不断强调数据质量的重要性，通过建立严格的数据审核、校验和分析流程，确保所收集和整理的数据科学、有效。这包括对数据的来源、采集方法、处理过程进行全面监控和评估，以及对最终的统计结果进行准确性和可靠性的验证。

（三）数据处理与分析

数字经济的发展与评估是当代经济研究的重要领域之一。在这方面，统计监测工作发挥着不可替代的作用。其核心目标之一是利用统计监测获取的原始数据，对数字经济的发展状态进行全面评价。统计监测关注的是事物或现象的直接可观测的实际表现。这种监测的指标主要是总量指标，如产值、交易量等，这些指标直接反映了数字经济的规模和活动水平。总量指标的监测为构建统计评价指标体系提供了基础，它们是理解和评估数字经济整体状况的出发点。通过收集这些基础数据，研究者和决策者可以对数字经济的发展趋势、结构变化等进行初步的分析和理解。然而，仅靠总量指标进行评价是不够的，因为这些指标不能全面反映数字经济的质量、效率和动态变化。因此，统计综合评价发挥着至关重要的作用。与统计监测不同，统计综合评价更多地关注于平均指标或相对指标，如人均产值、增长率。这些指标通过对原始统计监测数据的再加工和深度利用，能够提供关于数字经济发展水平、效率和质量的更深入见解。统计综合评价通过综合和分析这些平均数和相对数指标，能够揭示数字经济内在的结构和运行机制，它不仅关注数字经济的当前状态，还致力于评估其发展趋势和潜在风险。由此可见，统计监测和统计综合评价是评估数字经济发展状态的两个互补过程。前者提供了量化的基础数据，而后者则通过处理这些数据，重新建立综合评价指标体系，进行深度分析和综合评估。本体系不仅覆盖了数字产业化的核心领域，也深入到产业数字化的广泛应用，可以综合分析数字经济产业发展及其对国民经济的渗透、带动和影响等多个方面。另外，由监测指标体系到评估指标体系，一般要经过两个步骤，一是原始数据的标准化处理，二是评价指标的权重设定。

1. 原始数据的标准化处理

由于各指标原始数据单位存在差异，数值大小差别较大，不能直接进行加总应用，需要进行数据标准化处理。数据标准化处理就是将不同来源、具有不同量纲或范围的数据转换为具有统一标准的形式，以减少不同数据特征之间的差异性，提高数据处理的效率和质量。常见的数据标准化处理方法包括以下六种，选择哪种方法取决于数据的具体特性和分析的目标。在实践中，可能需要尝试多种方法，以确定哪种最适合特定的数据集和分析需求。

第一种，最小最大标准化法。最小最大标准化法是一种常用的数据预处理技术，它通过缩放将数据转换到特定的范围（通常是 0 到 1 之间）。这种方法对于不同类型的指标，即正指标和逆指标，有着不同的处理方式，以确保标准化后的数据能够正确反映原始数据的性质和比较逻辑。对于正指标的最小最大标准化，其公式为：$X_{\text{norm}} = \dfrac{X - X_{\min}}{X_{\max} - X_{\min}}$，其中，$X$ 是原始数据值，$X_{\min}$ 是该指标在数据集中的最小值，$X_{\max}$ 是最大值，X_{norm} 是标准化后的值；对于逆指标的最小最大标准化，其公式为：$X_{\text{norm}} = \dfrac{X_{\max} - X}{X_{\max} - X_{\min}}$，公式中的变量同正指标意义一致。通过这种方式，正指标的最大值被转换为 1，最小值被转换为 0，其他值则被转换到 0 到 1 之间，比值保持不变，符合正指标的逻辑；对于逆指标，值越小的数据在标准化后的值越接近 1，而值较大的数据标准化后的值则更接近 0，这与逆指标的评价逻辑相符。这种方法简单直观，但容易受到异常值的影响。

第二种，Z 得分标准化法。也称标准化或正态标准化，是将数据集中的特转换为均值为 0，标准差为 1 的形式。具体公式为：$Z = \dfrac{x - \mu}{\sigma}$，其中，$\mu$ 是数据 σ 据的标准差。Z 是标准化以后的值，这种方法通过消除单位限制和量纲影响，使数据分布更接近标准正态分布。使用中要注意，虽然 Z 得分标准化改变了数据的均值和标准差，但它不会改变数据的分布形态。如果原始数据分布极度偏斜，即使经过 Z 得分标；而且，因为异常值会影响均值和标准差的计算，所以 Z 得分标准化可能会受到异常值的影响。

第三种，小数定标标准化法。小数定标标准化法用于将数据特征缩放到较小的范围内，如 -1 到 1 之间。这种方法通过移动数据的小数点位置来实现标准化。具体公式可以表示为：$X_{\text{norm}} = \dfrac{X}{10^k}$，其中，$k$ 是使得 X_{norm} 的最大绝对值小于 1 的最小正整数，计算公式为：$k = \left\lceil \log_{10}\left(\left|X_{\max}\right|\right) \right\rceil$，$[\bullet]$ 表示向上取整操作。由于小数定标标准化直接依赖于最大绝对值，异常值可能会对 k 的选择产生较大影响，从而影响整体数据集的标准化结果。另外，当数据分布具有特定结构或模式时（如指数分布或具有重尾的分布），这种方法的规范化效果也不理想。

第四种，单位向量标准化法。单位向量标准化法，也称为向量规范化或 L2 范数规范化，是一种常用的数据预处理技术，特别是在处理向量数据时，如文本处理或机器学习中的特征向量。这种方法通过调整向量的长度（或大小），使其变为单位长度，即向量的 L2 范数（或欧几里得长度）等于 1。单位向量标准化使得向量的方向得以保留，而忽略其原始长度或大小，这有助于在比较或计算向量间相似性时减少数据规模的影响。这种方法的原理是，对于给定的非零向量 $X = [x_1, x_2, \cdots, x_n]$，单位向量标准化的计算公式为：$X_{\text{norm}} = \dfrac{X}{X_2}$，其中，$X_2$ 是向量 X 的 L2 范数（或欧几里得范数），计算公式为：$X_2 = \sqrt{x_1^2 + x_2^2 + \cdots + x_n^2}$，通过这种方法，每个元素 x_i 都被除以 X_2，结果是一个长度为 1 的向量 X_{norm}。单位向量标准化不适用于包含零向量的数据集，因为零向量没有明确的方向，且其 L2 范数为零，无法进行除法操作。

第五种，对数变换标准化法。对数变换的基本思想是采用对数函数将原始数据映射到一个新的空间，在这个新空间中，数据的分布会表现得更加对称，极端值的影响被显著减弱。对数变换特别适合处理那些变量的正值非常分散（如一部分值非常接近于 0，而另一部分值非常大）的情况。通过对数据应用对数变换来减小数据的绝对差异，特别是当数据遵循指数分布时。对数变换可以使数据的分布更接近正态分布，有助于改善和优化模型的性能。其可以表示为：

$$y = \log_b(x+c)$$

其中，x 是原始数据点，y 是变换后的数据点，b 是对数的底数（常用的底数包括自然对数底 e（即自然对数），10（常用对数）和 2（二进制对数）），而 c 是一个小的正数（通常接近 0），用来确保 $x+c>0$，这样就可以对包括零在内的数据进行变换。一般来说，对数变换要求数据必须为正值。

第六种，Box-Cox 变换标准化法。Box-Cox 变换在统计分析和数据科学中有广泛的应用，是一种用于改变数据分布的变换方法，由 George Box 和 David Cox 在 1964 年提出。这种变换的目的是使非正态分布的数据转换为更接近正态分布的形态，从而满足许多统计技术和机器学习算法对数据正态性的假设。Box-Cox 变换可以应用于正值数据（即所有数据点都必须大于 0），对于包含零或负值的数据，则需要进行适当的平移使数据满足正值的要求。其一般形式为：

$$y(\lambda) = \begin{cases} \dfrac{x^\lambda - 1}{\lambda} & \text{if } \lambda \neq 0, \\ \lg(x) & \text{if } \lambda = 0, \end{cases}$$

其中，x 是原始数据点，$y(\lambda)$ 是变换后的数据点，而 λ 是变换参数，最优的 λ 值是使得变换后的数据最接近正态分布的 λ 值。这个值可以通过最大似然估计，最小化残差平方和，或使用专门的统计软件和函数自动计算得到。确定 λ 值的过程通常涉及搜索不同的 λ 值，计算相应的变换结果的正态性，然后选择最佳的 λ 值。

2. 评价指标的权重设定

确定权重的方法一般分为主观赋权和客观赋权两种方法。主观赋权方法主要依赖于专家或决策者的知识和经验，通过定性的方式来评估各指标的重要性。这种方法通常涉及综合咨询评分，通过组织专家团队，利用他们在特定领域的专业知识和实践经验，对指标进行打分、排序或权重分配。客观赋权方法则尝试从数据本身出发，根据指标的统计特性来确定权重。这种方法不依赖于个人的主观判断，而是通过分析指标之间的相关性或指标值的变异程度等统计信息来赋权。以下介绍几种常用的赋权方式。

（1）层次分析法赋权

层次分析法（Analytic Hierarchy Process，AHP）结合了主观与客观赋权方法，广泛用于确定指标的权重。这种方法首先依赖专家的经验来评估各指标之间的相对重要性，然后通过计算得出权重，特别适用于那些难以通过定量分析方法解决的问题。在 AHP 中，数据需以特定格式输入，即需要手动构建判断矩阵。其详细过程可表述为六个步骤。确定目标和标准。明确决策的目标，并确定影响决策的各个标准或因素，这些标准或因素构成了 AHP 的层次结构的不同层级。构建层次结构模型。在确定了决策的目标和标准后，将问题构建为一个层次结构模型。这个模型从上到下通常包括目标层、标准层和方案层。进行成对比较。在每一层中，对于所有元素，进行成对比较，以确定它们相对于上一层某元素（如目标或标准）的相对重要性。这通常通过问卷调查或专家评估来完成，通常使用 1～9 的标度来表示一个相对于另一个元素的重要性。构建判断矩阵。根据成对比较的结果，为每一层构个判断矩阵。在这个矩阵中，元素 a_{ij} 表示第 i 个元素相对于第 j 个元素的重要性。计算权重和一致性检验。通过计算判断矩阵的特征值和对应的特征向量，可以得到各元素的权重。通常，对应于最大特征值的特征向量经过归一化处理后，作为各因素的权重。证判断矩阵的一致性，需要计算一致性指标和一致性比率。如果 CR 小于 0.1（或 10%），则认为判断矩阵具有满意的一致性；如果大于 0.1，则需要重新评断矩阵以改进一致性。计算合成权重。如果存在多层标准，需要通过层次单排序和层次总排序计算最终的合成权重。层次单排序是指在同一层级内部计算权重，而层次总是指综合上下层级的影响，计算最终的权重。

（2）熵权法赋权基于概熵是衡量信息无序度的一个指标，其核心思想是利用指标数据的熵值来反映指标的有效信息量，进而确定各指标的权重。指标的熵值越小，表示该指标提供的有效信息量越大，其在综合评价中的权重也应该越大。其计算过程分为四步。第一步，计算指标的比重。对于每个标准化后的指标，计算其在各个评价对象上的比重。如果指标 j 在评价对象 i 上的标准化值为 x_{ij}，则该指标在该对象上的比重 p_{ij} 计算公式为：$p_{ij} = \dfrac{x_{ij}}{\sum_{i=1}^{n} x_{ij}}$，计算指标的信息熵。第二步，利用比重，计算每个指标的信息熵 E_j：

$$E_j = -k \sum_{i=1}^{n} p_{ij} \lg(p_{ij})$$，其中，k 是常数，通常取值为 $\dfrac{1}{\ln n}$，n 为评价对象的数量，以保证信息熵值位于［0，1］区间内。第三步，计算指标的差异系数。根据信息熵，计算每个指标的差异系数 $D_j = 1 - E_j$。差异系数越大，表示指标的有效信息量越大。第四步，确定指标权重。各指标的权重 w_j 通过各自的差异系数与所有差异系数之和的比值来确定：$w_j = \dfrac{D_j}{\sum_{j=1}^{m} D_j}$，$m$ 是指标的总数。该方法运用时需注意两点，一是当数据在某化不大或者分布极为集中时，计算得到的信息熵较大，可能会导致该指标的权低，需要注意数据的多样性和代表性；二是在计算过程中，对数底的选择可能会影响信息熵的计算结果，但不影响最终的权重分配。

（3）主成分分析赋权法和因子分析赋权法

这两种计算权方法原理类似，都根据数据降维和信息浓缩大小进行权重计算。其中，主成分分析法赋权是通过将原始数据变换为一系列互不相关的主成分来计算权重。对数据进行标准化，然后计算协方差矩阵。使用数值算法（如幂法或雅克比方法）求解协方差矩阵的特征值和特征向量，其中特征值表示各主成分对数据变异的贡献程度，特征向量则定义了主成分的方向。通常选择累计贡献率达到一定阈值（如85%或90%）的主成分，以其特征值即方差贡献率计算各变量的权重。具体做法是将各主成分的方差贡献率按比例分配给相应的特征向量元素，获得各变量在主成分中的权重。最后，对这些权重进行归一化处理，使权重总和为1，以便用于决策分析。

因子分析法赋权通过从多个观测变量中提取几个能够解释大部分数据变异的潜在因子来赋权。开始时，对数据进行标准化并构建相关系数矩阵，以确定变量间的关系强度。然后，使用主成分分析或其他因子提取方法（如极大似然法、主轴因子法等）从相关系数矩阵中提取潜在因子。接下来，通过正交旋转或斜交旋转简化因子载荷矩阵，使每个因子主要与部分变量相关，提高因子解的清晰度和可解释性。之后，利用回归或巴特莱特方法等，基于因子和原始数据为每个变量计算得分，并根据因子的方差贡献率或因子载荷赋予权重，权重较高的因子表示其在对应变量中的重要性更大。最后，将所有变量的权重进行归一化处理，确保总和为1，从而简化数据结构并提取关键信息用于权重赋予。

（4）模糊综合评价法赋权

模糊综合评价法的赋权原理基于模糊数学，通过构建模糊关系矩阵来表达评价对象在不同评价指标下的隶属度，即表明评价对象对于每个评价等级的符合程度。在赋权过程中，需要确定评价指标体系并对每个指标赋予一个权重，这些权重反映了各指标在整体评价中的重要性。收集或计算出评价对象在各指标下的隶属度，形成模糊关系矩阵。通过模糊矩阵与权重向量的合成运算（如模糊加权平均），得到一个综合的隶属度向量，该向量表示了评价对象对于各个评价等级的综合隶属度。根据综合隶属度向量，可以通过最大隶属度原则或其他解模糊化方法，确定评价对象最终的评价等级或得分。这种方法能有效处理评价过程中的不确定性和模糊性，使评价结果更加全面和客观。

（5）德尔菲法赋权

德尔菲法赋权是典型的主观赋权方法，其原理基于专家的系统化共识过程。它通过匿名的、多轮问卷调查来收集专家对于特定问题或指标重要性的看法和评估。在每一轮调查后，汇总和反馈结果给专家，允许他们在考虑其他专家意见的基础上修正自己的观点。这个迭代过程持续进行，直到达到较一致的共识或稳定的结果。德尔菲法强调专家间交流的控制和系统性，旨在减少个体偏见，提高集体判断的准确性和可靠性，从而为决策问题的赋权提供科学依据。

（6）标准差法赋权和变异系数法赋权

标准差法依据的是指标值的波动性或分散程度，认为波动性越大的指标对总体评价的影响越大，因此应赋予更高的权重。其计算主要分为两步，第一步，计算各指标的标准差。对于每个评价指标，计算其在所有评价对象上的标准差。标准差公式为：$\sigma_i = \sqrt{\dfrac{\sum_{j=1}^{n}(x_{ij} - \overline{x}_i)^2}{n}}$，其中，$\sigma_i$ 是第 i 个指标的标准差，x_{ij} 是第 j 个评价对象在第 i 个指标上的值，$\overline{x}_i$ 是第 i 个指标的平均值，n 是评价对象的数量。第二步，计算各指标的权重。各指标的权重可以通过各自的标准差与所有标准差之和的比值来确定。具体公式为：$w_i = \dfrac{\sigma_i}{\sum_{k=1}^{m}\sigma_k}$，$w_i$ 是第 i 个指标的权重，m 是指标的总数。标准差受异常值的影响较大，因此在数据中如果存在显著的异常值，可能会对权重的确定造成影响。另外，标准差法赋权假设指标的重要性与其变异程度成正比，这在某些情况下可能不适用。例如，某些指标虽然波动大，但对决策的影响并不显著。

变异系数法是在标准差法的基础上进一步发展，通过计算每个指标的变异系数（标准差与平均值的比值）来调整权重，使得权重的确定更加公正合理，尤其适用于指标量纲不一致的情况。计算过程也主要分为两步。第一步，计算各指标的变异系数。对每个评价指标，首先计算其变异系数，公式为：

$CV_i = \dfrac{\sigma_i}{\mu_i}$，$CV_i$ 是第 i 个指标的变异系数，σ_i 是该指标的标准差，μ_i 是该指标的平均值。第二步，计算各指标的权重。与标准差法原理一致，通过各自的变异系数与所有变异系数之和的比值来确定各指标的权重，公式为：

$w_i = \dfrac{CV_i}{\sum_{k=1}^{m} CV_k}$，符号解释同标准差法。同标准差法类似，变异系数法假设指标的重要性与其相对变异程度成正比，但在某些特定情境下，这一假设可能不成立；同时，当指标平均值非常小的时候，即使标准差较小，变异系数也可能会非常大，这可能会放大某些指标的权重，需要谨慎处理。

（四）发布监测评估数据和报告

目前，我国在国家和各省市层面上对统计监测制度的尝试仍然是探索性的，涉及的统计分类标准和监测机制尚处于完善阶段。国家层面和一些先行省份，如广西和浙江等，已经开始公布了一些主要的指标数据，展现了积极的透明度和开放性。然而，大多数省份的监测数据仍然没有对外开放，这在一定程度上影响了外部机构或个人对于地区数字经济发展状况的全面了解和评估。在这样的背景下，本书认为采取国家的监测和公布策略，并结合海南省的特定情况，由省的相关政府部门决定是否公布主要的监测评估数据，是非常必要的。这不仅能够提升在经济领域的透明度和公信力，还可以激发外界对于该省数字经济发展的兴趣和参与度。适当的时机一家其他地区的相关部门共享数据和研究成果。这区域的共享和成果交流，能够帮助各地区更准确地掌握数字经济的发展趋势，相互借鉴成功的经验与策略，从而促进全国范围内数字经济的同步发展和提升。此外，建议在海南省乃至全国范围内开展区域数字经济规模的测度和发展评估工作。这些评估活动不仅可以提供有关数字经济规模、结构、增长速度及其对经济社会发展影响等方面的重要信息，也能够为政策制定者提供科学有效的决策支撑，为企业和公众提供准确的行业发展信息。通过这样的评估与测度，可以进一步促进数字经济领域的高质量发展，加快构建数字经济新优势，为实现经济社会全面发展作出更大贡献。

（五）反馈机制

建立数字经济统计监测评估工作的反馈机制是确保该领域健康、可持续发展的关键。这一任务是一项复杂的系统性工程，它要求从技术、管理、政策等多个维度入手，以保障有效的监测和促进。可以从五个方面构建和完善反馈机制。一是深入的数据分析和评估。为了确保数字经济监测工作的有效性，核心在于对收集到的数据进行深入分析和评估。这需要引入最新的统计方法、大数据分析和数据挖掘技术，以便更准确地捕捉数字经济的发展动态、特性及存在的问题。例如，利用机器学习和人工智能技术可以更有效地预测未来的趋势，识别潜在的增长点和风险，为制定相应的政策提供强有力的数据支持。二是建立多元化的反馈渠道。为了让统计监测工作更加贴近实际、更具针对性，建立多元化的反馈渠道至关重要。这包括搭建专门的在线监测平台，便于利益相关方实时获取信息并提出反馈；定期组织研讨会或工作坊，邀请政府官员、企业家、学者和公众共同探讨数字经济的发展趋势和面临的挑战。这不仅能够增强统计监测的参与性和互动性，还有助于收集各方面的意见和建议，以支持监测方法和流程的持续改进。三是定期发布统计监测报告。通过定期发布全面、透明的数字经济统计监测报告，可以有效提升监测工作的公信力。这些报告应详细记录数字经济的发展情况、主要成就，以及存在的问题和挑战，不仅为政府决策提供数据支持，也为社会各界了解和参与数字经济发展提供了重要途径。四是强化信息共享和沟通。建立有效的合作和沟通机制，对促进数字经济数据的交流和共享至关重要。这可能包括跨部门、跨行业甚至跨国界的合作，通过制定共享标准和规范，确保数据的快速、安全流动。信息共享能够帮助各方更好地洞察市场趋势，共同应对挑战，从而实现共赢。五是持续追踪和评估反馈机制的效果。为确保反馈机制能够持续有效地支持数字经济的发展，需要不断跟踪和评估其执行效果。这涉及定期收集反馈、分析成效、识别问题，并基于这些信息积极调整和优化机制。通过持续的学习和改进，可以确保反馈机制能够适应数字经济快速发展的需求，有效应对未来可能出现的新挑战。

综合以上论述，本书所设计的海南自贸港数字经济统计监测体系的总体框架可以通过图 2-1 呈现。

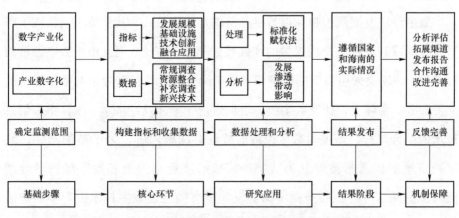

图 2-1　海南自贸港数字经济统计监测评估体系总体框架

第四节　海南自贸港数字经济监测
评估指标体系具体设计

在确定海南自贸港数字经济的统计监测评估指标时，主要考虑了实际工作需求和当前的发展状况。同时，遵循了数字经济相关规划目标，以及指标科学性、代表性、可比性和数据可得性等原则，以便既能促进数字经济的平稳运行和短期宏观调控，又能相对侧重于数字经济的竞争力提升和中长期高质量发展。参照已发布的《统计分类（2021）》分类体系和国家标准《国民经济行业分类（GB/T 4754—2017）》目录中直接对应的行业，将具有月度或季度统计值的行业直接作为监测指标。对于缺乏统计数据或统计频率不稳定的行业，需要进一步改进处理方法。通过对不同文本和不同统计分类中的指标进行比较分析，最终筛选出适用于各维度数字经济监测评估的指标体系。

一、数字经济发展规模指标

数字经济发展规模指标以数字经济增加值为核心，其测算不仅依赖于国家统计局或其他权威机构提供的详细数据和指导方法，而且由于数字经济的跨界性，还需要采用特定的模型和方法来区分并计算传统经济与数字经济的交汇部分。实际上，计算数字经济增加值是一个涉及经济学、统计学和信息技术的综合过程，需要对数字经济的特征有深刻理解。为了精确测算，数字经济增加值通常被细分为数字经济核心产业增加值和数字经济融合产业增加值两部分。核心产业增加值反映了直接通过数字技术生产和服务活动的经济贡献，而融合产业增加值则衡量了传统产业通过运用数字技术而带来的增值。海南自贸港数字经济发展规模指标应参照国家的监测制度，监测指标与国家层面保持一致，重点考察数字经济核心产业增加值，同时监测数字融合产业的相关指标，以便对其增加值进行测算。依据《监测制度（试行）》和《统计分类（2021）》，海南自贸港数字经济发展规模指标如表 2-5 所示。根据不同核心产业的特点，具体的监测内容稍有差异，主要包含各类核心产业的企业个数、营业收入、利润总额、从业人员数等指标，见表 2-6 至表 2-9。

表 2-5　海南自贸港数字经济发展规模指标

分类	增加值/亿元		占 GDP 的比重/%	
	本年	上年同期	本年	上年同期
数字经济核心产业 　数字产品制造业 　数字产品服务业 　数字技术应用业 　数字要素驱动业 **数字经济融合产业** 　数字化效率提升业				

表 2-6　数字产品制造业监测指标

分类	企业数/个		营业收入/万元		利润总额/万元		研发经费投入/万元		固定资产投资/万元		期末从业人员数/人	
	本年	上年同期	本年	上年同期	本年	上年同期	本年	上年同期	本年	上年同期	本年	上年同期
数字产品制造业 　计算机制造业 　通讯及雷达设备制造业 　数字媒体设备制造业 　智能设备制造业 　电子元器件及设备制造业 　其他数字产品制造业												

表 2-7　数字产品服务业监测指标

分类	企业数/个		销售额/万元		营业收入/万元		利润总额/万元		期末从业人员数/人	
	本年	上年同期	本年	上年同期	本年	上年同期	本年	上年同期	本年	上年同期
数字产品批发业 　计算机、软件及辅助设备批发业 　通讯设备批发业 　广播影视设备批发业 **数字产品零售业** 　计算机、软件及辅助设备零售业										

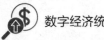

| 通信设备零售业 |
| 音像制品、电子和数字出版物零售业 |
| **数字产品租赁业** |
| 计算机及通信设备经营租赁业 |
| 音像制品出租业 |
| **数字产品维修业** |
| 计算机和辅助设备修理业 |
| 通讯设备修理业 |
| **其他数字产品服务业** |

表 2-8　数字技术应用业监测指标

分类	企业数/个		营业收入/万元		利润总额/万元		期末从业人员数/人	
	本年	上年同期	本年	上年同期	本年	上年同期	本年	上年同期
软件开发业								
基础软件开发业								
支撑软件开发业								
应用软件开发业								
其他软件开发业								
电信、广播电视和卫星传输服务业								
电信业								
广播电视传输服务业								
卫星传输服务业								
互联网相关服务业								
互联网接入及相关服务业								
互联网搜索服务业								
互联网游戏服务业								
互联网资讯服务业								
互联网安全服务业								
互联网数据服务业								
其他互联网相关服务业								
信息技术服务业								
集成电路设计业								
信息系统集成服务业								
物联网技术服务业								
运行维护服务业								
信息处理和存储支持服务业								
信息技术咨询服务业								
地理遥感信息及测绘地理信息服务业								
动漫游戏及其他数字内容服务业								
其他信息技术服务业								
其他数字技术应用业								
三维（3D）打印技术推广服务业								
其他未列明数字技术应用业								

表 2-9　数字技术驱动业监测指标

分类	企业数/个	营业收入/万元	销售额/万元	利润总额/万元	期末从业人员数/

	人	
	本年	上年同期
互联网平台业		
互联网生产服务平台业		
互联网生活服务平台业		
互联网科技创新平台业		
互联网公共服务平台业		
其他互联网平台业		

续表

分类	企业数/个		营业收入/万元		销售额/万元		利润总额/万元		期末从业人员数/人	
	本年	上年同期	本年	上年同期	本年	上年同期	本年	上年同期	本年	上年同期
互联网批发零售业										
互联网批发业										
互联网零售业										
互联网金融业										
网络借贷服务业										
非金融机构支付服务业										
金融信息服务业										
数字内容与媒体业										
广播业										
电视业										
影视节目制作业										
广播电视集成播控业										
电影和广播电视节目发行										
电影放映业										
录音制作业										
数字内容出版业										
数字广告业										
数据资源与产权交易业										
其他数字要素驱动业										
供应链管理服务业										
安全系统监控服务业										
数字技术研究和试验发展										

　　数字化效率提升业作为国民经济的重要组成部分，其统计监测评估的目的在于准确捕捉数字技术在传统产业中应用的深度与广度，特别是在产品生产、销售和服务三大环节的数字化转型效果。为此，监测指标被细分为发展规模、投入水平、销售水平和应用水平四大类，以全面评估数字化效率提升业的综合表现和对传统行业转型升级的贡献。在发展规模方面，监测指标包

括企业总数以反映行业的规模和市场参与程度，采用信息化管理的单位数量来评估信息技术在企业内部管理中的应用比例，数字化转型单位数量揭示了行业对数字化重视和实施情况，期末从业人员总数指出了行业的劳动力规模，而专注于信息技术的员工数量突显了对 IT 专业技能的需求。在数字化投入水平方面，企业信息化投入及其在总投入中的比例评估了对信息技术的投资力度，信息技术人员比例则展示了企业对数字化建设的依赖和重视程度。数字化销售水平通过网上销售额及其在总销售额中的占比来衡量数字化在推动销售方面的效果。数字化应用水平方面，采用信息化管理和数字化转型企业的营业收入指标衡量了这些战略对收入的积极影响，利用数字化和信息化技术取得的营业收入直接体现了这些技术在增加收入方面的作用，农业数字化程度指标专门用于评估数字技术在农业领域应用的深度，是衡量数字化转型在特定产业领域成效的重要指标。这些细致的监测指标共同构建了一个全景式的评估体系，不仅能够深入理解数字化效率提升业的绩效，还能够准确把握数字技术对推动传统行业发展和社会进步的关键贡献。

表 2-10　数字化效率提升业监测指标

主要环节	监测指标
发展规模	企业数、采用信息化管理的单位数、已进行数字化转型的单位数、期末从业人员数、从事信息技术工作的员工数
数字化投入水平	企业信息化投入及其占总投入的比重、从事信息技术工作的员工数及其占总员工数的比重
数字化销售水平	网上销售额及其占总销售额比重
数字化应用水平	采用信息化管理的企业实现的营业收入、进行数字化转型的企业实现营业收入、利用数字化、信息化取得的营业收入、农业数字化程度*

注明：1. 参考《监测制度（试行）》和杜秦川（2023）的研究整理。
　　　2. *农业数字化程度，参考《监测制度（试行》SZ316 表监测。

二、数字经济基础设施指标

基础设施是发展数据经济的基础支撑，也代表了一个地区数字经济发展的基本环境。从现有情况来看，各个地区无论是在分析本地区数字经济的发展情况，还是在实际运行的数字经济监测或比较评价中，均将基础设施情况列入基本监测内容，区别只是在于纳入监测的具体指标的差异。遵照国家的《监测制度（试行）》，参考其他区域设置经验，围绕《海南省信息基础设施建设"十四五"规划》《海南省信息基础设施建设提质升级三年专项行动方案（2021—2023 年）》等政策文件，本书将海南自贸港数字经济基础设施指标分为网络覆盖与接入、网络质量与服务，以及网络基础设施建设与容量三个类别，见表 2-11。

表 2-11　海南自贸港数字经济基础设施统计监测指标体系

类别	监测指标	指标说明
网络覆盖与接入	5G 基站数量/个 互联网宽带接入端口数量/个 互联网用户数/万户 千兆光纤网络覆盖率/% 移动电话普及率/%	显示了数字服务可达性的范围
网络质量与服务	宽带用户平均接入速率/Mbps 互联网宽带接入普及率/%	体现了用户体验的质量和 网络服务的效率
网络基础设施建设与容量	光缆线路长度/万公里 互联网出省带宽/Gbps 省内城域网带宽/Gbps 数据中心数/数据中心机架数/个	揭示了基础设施服务物理和 技术基础的强度和能力

网络覆盖与接入是推动社会进步和经济增长的关键因素。5G 基站的数量直接影响了 5G 网络的建设和发展程度，其中更多的基站不仅意味着更广泛的网络覆盖，还提高了服务的可达性，这对于高速移动互联网的普及至关重要。此外，互联网宽带接入端口数量包含固定互联网宽带接入用户数和移动互联网用户数，表示互联网服务的整体用户基础，展示了宽带网络接入点的可用性，是衡量互联网服务覆盖范围的关键指标。同时，互联网用户数反映了互联网服务的普及程度，直接展现了数字经济的用户基础。千兆光纤网络覆盖率和移动电话普及率进一步补充了网络覆盖与接入的维度，前者指出

了高速光纤网络的覆盖范围，后者展示了移动通信设备的普及情况，两者均是数字经济接入点普及的基础。

网络质量与服务是确保用户能够充分利用数字基础设施的另一个重要方面。在这一领域，宽带用户平均接入速率成为了衡量网络服务质量和用户体验的核心指标，体现了用户实际使用互联网服务时的网络速度。互联网宽带接入普及率反映了宽带服务在潜在用户中的渗透率，其中高普及率意味着数字经济的基础设施更为健全，用户群体更广泛。这些指标共同构成了评价网络服务质量和确保用户满意度的基础，对于促进数字经济的健康发展至关重要。

在网络基础设施建设与容量方面，光缆线路长度、互联网出省带宽，以及省内城域网带宽共同描绘了网络的物理基础设施和数据传输能力的全貌。光缆线路的长度直接关系到网络覆盖的广度和服务质量，而跨省和城市内的带宽容量则是保障数据流动性和网络服务连续性的关键。数据中心数及其机架数的指标反映了数据处理和存储能力的规模，这对支持云计算、大数据处理等数字经济核心活动尤为重要。这些基础设施不仅支撑着当前的网络服务和应用，也为数字经济的未来发展奠定了坚实的基础。

另外需要注意的是，表 2-11 中没有包含《监测制度（试行）》提及"算力规模"和"IPv6 地址数"两个指标，海南自贸港正处于建设和发展努力中，这两个数据还没有用于进行分析的特定数据，可给予持续关注并在未来纳入监测。在算力规模方面，海南省通过重点布局和建设通用算力、智能算力及超级算力，显著提升了其算力基础设施。具体项目包括中国电信海南（海口）国际信息园（一期）、中国移动（海南海口）自贸港数据中心、海南海底数据中心一期工程的竣工，以及文昌航天超算数据中心一期已于 2023 年 8 月投入运营。这些项目的完成极大增强了海南省的算力设施水平。为了进一步加强这一领域的发展，海南省工业和信息化厅根据《海南省培育数据要素市场三年行动计划（2024—2026）》和《海南省数字经济高质量发展攻坚行动计划（2024—2025）》的指导，积极推进数据基础设施的提升和数字新基建的融合升级。海南省致力于通过优化和加强"双千兆"网络基础设施及"算力一张网"的建设，构建集约型、跨区域和跨领域的数据流通基础设施，同时强化全生命周期的数据安全保障，并实现数据资源的深度整合与合规高效流通交易。在 IPv6 地址数方面，海南省同样表现出积极的转型和升级努力。《海南省信息基础设施建设"十四五"规划》强调了提升数据中心 IPv6 服务水平的重要性，并实施了一系列战略举措以加强数据中心的 IPv6 转换。这包括完成 IPv6 的升级，确保全省的移动和固定终端全面支持 IPv6，从而为公众和政府—企业用户开放商用 IPv6 接入服务。这些措施不仅标志着网络向全面支持 IPv6 的重要转变，也体现了海南省在其数字化转型过程中，采用尖端技术的决心。

三、数字技术创新指标

数字经济的发展离不开持续的技术创新和人才培养，因此，对其进行统计监测是理解和评估其发展状态的重要手段。选取数字技术创新的统计监测指标时，需要综合考虑反映研发投入、创新产出和人才基础等多个方面的因素（见表 2-12）。

表 2-12　海南自贸港数字技术创新统计监测指标体系

类别	监测指标
研发投入	数字经济研发经费占营业收入的比重/% 数字经济研发人员占数字经济从业人员比重/%
创新产出	数字经济发明专利授权量占比/% 人均拥有数字经济发明专利数/个/人 计算机科学领域权威期刊论文发表量/个
人才基础	信息通信技术从业人员占全市从业人员比重/%

研发投入是推动技术创新的基石。在数字经济领域，数字经济研发经费占营业收入的比重成为衡量企业或行业创新投入强度的核心指标。该指标通过揭

示企业在研发活动上的财务投入与其营业收入的比例关系，能够有效反映企业对创新重视程度及其技术发展的潜力。同时，数字经济研发人员占数字经济从业人员比重作为反映研发专业人才密集度的指标，揭示了专业人才在推动数字经济创新中的作用，高比重表明企业或行业拥有较强的技术创新基础。

在评估数字经济的技术创新成果方面，数字经济发明专利授权量占比及人均拥有数字经济发明专利数成为重要指标。前者通过分析数字经济领域授权专利占总专利数量的比例，反映了数字经济创新成果的市场和技术价值。而后者则从微观角度，展示了研发人员个体或团队的创新产出能力，是评价创新效率和技术实力的直接体现。此外，计算机科学领域权威期刊论文发表量作为衡量学术研究水平和科研影响力的指标，直接关系到知识创新和技术理论的发展。

人才是创新活动的主体，信息通信技术从业人员占全市从业人员比重揭示了信息和通信技术领域的人才规模和行业吸引力。该指标不仅反映了信息通信技术行业在整体就业市场中的比例，也暗示了该地区或国家对数字技术人才的需求和依赖程度。人才的广泛参与为技术创新提供了基础保障，是推动数字经济高质量发展的关键因素。

四、数字化应用指标

数字化应用涉及领域广泛，包括农业、商业、金融、生活和政务等各个方面。在选择适当的监测指标时，需要全面考量这些领域的特点和需求。数字化应用的广泛性要求关注不同领域的特定需求和发展趋势，以确保选取的指标能够全面反映数字技术在各个领域的应用情况。不同领域的数字化程度和发展水平存在差异，因此需要根据具体情况选择适合的监测指标，以实现对数字化转型过程的准确评估和有效监测（见表2-13）。

表 2-13　海南自贸港数字化应用统计监测指标体系

分类	监测指标
数字农业	农业数字化产值占比/% 智能化设施种养殖面积/万亩
数字商业	企业信息化系统的使用率/% 网络零售额占社会消费品零售总额比重/% 可数字化服务贸易额/亿元 跨境电子商务交易额/亿元

续表

分类	监测指标
数字金融	网上支付占比/% 移动支付业务量/笔
数字生活	在线教育交易额/万元 在线教育人次数/人次 互联网医疗交易额/万元 智能医疗服务覆盖率/%
数字政务	政务服务事项全程网办率/% 电子政务服务用户数/人

在数字农业领域，重要的监测指标包括农业数字化产值占比，以及智能化设施种养殖面积。这些指标反映了信息技术在提升农业生产效率、改进农业管理，以及拓展农产品市场方面的应用成效。农业数字化产值占比反映了数字技术在提升农业总产值方面的贡献。通过对数字技术在农业生产中所创造的价值与整体农业产值的比较，可以了解到数字化转型对农业经济的影响程度，而这一指标的变化趋势可以反映出数字技术在农业生产中的不断应用和进步，以及其对农业生产效率和质量的提升。智能化设施种养殖面积可以直观地反映出数字化、智能化技术在现代农业生产中的应用广度和深度。随着智能化技术的发展和应用，越来越多的农场采用智能化设施进行种植和养殖。这些智能化设施包括智能温室、智能灌溉系统、智能养殖舱等，能够实现自动化管理、精准施肥、智能监控等功能。同时，智能化设施的普及和应用范围的不断扩大，农业生产模式将会发生深刻的变革，进而推动农业生产效率和质量的全面提升。

数字商业领域的监测指标需要揭示数字技术如何推动商业模式的创新和市场的拓展，这些指标不仅涵盖了企业信息化系统的使用情况，还包括了网络零售额、可数字化服务贸易额，以及跨境电子商务交易额等多个方面的数据。企业信息化系统的使用率是衡量企业在数字化转型过程中信息化程度的重要指标，包含企业资源规划、客户关系管理、供应链管理等关键系统的使用情况，可以直观地反映企业信息化水平和管理效率。网络零售额占社会消费品零售总额比重是评估电子商务市场规模和影响力的关键指标，能够直观地展现数字商业模式在企业销售和营销中的重要性。可数字化服务贸易额和跨境电子商务交易额是衡量数字贸易发展水平的重要指标，能够反映数字技术在国际贸易中的应用和影响，展现数字经济全球化的趋势和潜力。

　　在评估数字金融服务时，数字支付方式的普及程度和使用频率至关重要，网上支付交易额占金融交易总额的比例和移动支付业务量是关键指标。这两项核心指标直观地反映了数字支付方式在交易中的广泛应用情况，显示了数字金融服务的接受度和参与度，同时也揭示了数字金融在提高交易效率和加强安全性方面的重要作用。

　　数字生活领域的核心指标是数字化转型在教育和医疗领域的具体体现，突显其在教育和医疗服务领域的深远影响，反映数字技术在提升个人生活质量方面的重要作用。在线教育交易额和在线教育人次数是评估数字化教育应用的核心指标。随着在线教育平台的兴起和普及，越来越多的学习者通过互联网获取知识和教育资源，从而提升了学习的便捷性和灵活性。互联网医疗交易额和智能医疗服务覆盖率则是数字化在医疗健康领域的重要表现。互联网医疗交易额反映了数字化技术在医疗服务中的应用水平和市场规模，而智能医疗服务覆盖率则衡量了智能化技术在医疗保健领域的普及程度，体现了数字化在提升医疗服务质量和效率方面的潜力。

　　数字政务领域的监测指标包括政务服务事项全程网办率和电子政务服务

用户数等。政务服务事项全程网办率是衡量政府部门利用数字化技术提供服务的重要指标之一，该指标的提升意味着政府服务更加便捷高效，能够更好地满足公民和企业的需求。电子政务服务用户数是评估政府数字化服务受众覆盖范围和使用情况的重要指标，反映了公民和企业利用电子政务平台获取服务和信息的数量和规模，代表着政府数字化服务在社会中的接受程度和影响力，同时也是公众对政府数字化转型的认可和支持程度的体现。

第五节　加强海南自贸港数字经济统计监测的策略

在数字化浪潮的推动下，海南自贸港作为中国对外开放的新前沿，正迎来数字经济发展的黄金期。随着数字经济成为推动区域经济增长的关键力量，加强对其统计监测不仅是提高政策精准度和有效性的需要，也是优化资源配置、促进高质量发展的重要手段。本节旨在提出一系列策略建议，通过构建专业的统计监测平台、促进跨界合作、推广新技术应用、实施动态预警系统，以及重视人才发展等措施，加强海南自贸港数字经济的统计监测能力，以支撑其在新时代经济格局中的持续健康发展。

一、制定地方性统计监测制度

设计海南省数字经济统计监测制度，核心目标是构建一个与国家相关政策和指导原则相一致，同时兼顾海南省独特特色与实际需求的综合监测框架。此制度将侧重于创建一个全面的数据监测平台，确保能从多个关键领域，包括数字经济产业发展、应用、基础设施建设及技术创新，收集到准确及时的信息。该平台旨在提供一个高效且实时的数据处理与分析环境，采纳最前沿的统计方法和数据分析技术，深度挖掘海南省数字经济发展的趋势、挑战与机遇。此外，该监测制度强调建立多元化的反馈机制，利用在线平台和行业研讨会等方式，鼓励广泛收集来自不同利益相关方的反馈，以便根据收集到的意见及时调整监测策略。根据监测和分析结果，该制度将指导制定和调整针对性的政策措施，加大对数字经济创新和发展的支持力度。为了进一步提升统计监测工作的效率和准确性，海南自贸港数字经济监测平台的设计还应考虑自动化数据收集、高效的数据处理与存储能力、深入的数据分析工具及直观的数据可视化功能。这些功能共同确保了平台能够提供实时、准确的经济数据和分析，支持决策制定和数字经济的健康发展。同时，平台应实施严格的数据安全和隐私保护措施，确保所有数据处理活动都遵循相关法律法规，保障个人和企业的隐私权。通过这种科学、综合的监测制度，海南省不仅能够确保其数字经济统计监测工作的统一性、高效性和可比性，还能够促进海南自贸港数字经济的战略决策和长远发展，为海南省数字经济的持续健康发展提供强有力的数据支撑和政策指导。

二、促进跨界合作

促进跨界合作的核心在于打破信息孤岛，实现数据共享和资源整合，其功能主要体现在两个方面。一方面，促进政府部门、不同行业，以及科研机构和企业之间的信息流通和技术交流。这样的合作通过建立共享机制和合作平台，使得来自不同部门和领域的数据和分析工具得以汇聚，增强了统计监测体系的数据完整性和分析深度。例如，政府部门可以提供宏观经济和行业政策数据，企业和行业协会可以贡献具体的运营数据和市场反馈，科研机构则可以引入最新的研究成果和分析模型。通过这种跨界合作，统计监测体系能够更准确地捕捉到数字经济的发展趋势，识别潜在的风险和机会，从而为政策制定和经济规划提供更为全面和深入的支持。此外，这种合作还有助于促进技术和知识的交流，推动数字经济领域的创新，以及通过共享成功案例和最佳实践，提升整个海南自贸港数字经济的竞争力和影响力。另一方面，促进跨界合作不仅限于不同行业和部门之间的合作，还应包括跨地区的沟通和交流。这种跨地区合作的功能在于借鉴和学习其他地区在数字经济发展和统计监测方面的成功经验和做法，以及共享数据资源和分析工具，从而提高海南自贸港在全球数字经济版图中的竞争力。通过与其他地区的政府部门、企业、科研机构等建立定期的信息交流机制，海南自贸港可以更好地把握全球数字经济的发展趋势，及时调整和优化本地的经济发展战略。同时，跨地区合作还有助于构建一个更加开放和包容的经济环境，吸引外部投资，促进技术交流和人才流动，最终实现数字经济的可持续发展。通过这种全方位的跨界和跨地区合作，海南自贸港的数字经济统计监测体系将能够更加准确、全面地反映数字经济的实际发展状况，为政策制定者提供更加科学的决策依据。

三、推广新技术应用

推广新技术的应用是加强海南自贸港数字经济统计监测的关键环节，其核心目的在于通过采纳和整合前沿的科技手段，如大数据分析、人工智能、云计算、区块链和物联网，显著提升数据收集、处理、分析和展示的效率和精度。这些技术使得监测平台能够从分散的数据源自动化收集数据，高效准确地进行数据清洗和整合，并通过机器学习模型深入分析复杂数据集，识别经济活动的趋势和模式。AI技术在处理大规模数据分析和预测方面展现出其独特优势，为政策制定者提供基于数据的深刻洞见，使决策更加精准。同时，区块链技术保证数据安全性和不可篡改性，增强数据共享的透明度和信任度，而物联网技术则为统计监测提供实时、连续的数据流，确保数据的时效性和动态性。综合应用这些新技术不仅能够为海南自贸港提供更全面、更精准的经济数据，还能促进监测体系自身的创新发展，推动数字经济向更高质量、更高效率的方向发展，为海南自贸港的经济社会发展提供坚实的数据支持和智能化决策工具。这种技术的推广关键在于优化数据流程的自动化和智能化，实时监控经济活动，准确预测发展趋势，及时发现潜在问题，从而为政策制定和经济调整提供科学依据，大幅提升数字经济统计监测的能力，促进健康发展，打造一个高效、透明、可信的数字经济环境。

四、实施动态预警

在加强海南自贸港数字经济统计监测的过程中，部署一个高效的动态预警系统显得尤为关键。该系统的核心是利用先进的数据分析技术和算法，包括人工智能、大数据分析及机器学习，对各类经济活动指标进行实时监测和评估。它通过集成一个强大的数据收集与处理框架，能够实时分析海量的经济数据，包括企业经营数据、市场交易数据和网络流量数据等，从而识别和预测可能出现的经济波动或不稳定因素。还可以通过设定一系列预定的阈值和指标，如经济增长率、就业数据和消费者信心指数等，当这些指标超过正常范围时，系统能够自动触发警报。警报通过邮件、短信或是专门的监控仪表板等方式，及时向决策者和管理者发出预警信息，以便迅速做出反应。除了监测和警报功能，动态预警系统还提供预测模型和趋势分析，帮助决策者和企业领导了解潜在风险的来源及其可能带来的影响，进而采取相应的预防措施或制定有效的应对策略。此外，实施动态预警的有效性还依赖于建立跨部门和跨行业的信息共享机制，这不仅可以促进数据的全面性和多维度分析，而且还能增强预警系统的整体效能。通过这种综合性的动态预警系统，海南自贸港能够更灵活和迅速地应对经济变化，确保数字经济的健康和稳定发展，有效地发现并应对数字经济发展中的各种风险和挑战。

五、重视人才发展

这一策略需围绕构建一个涵盖教育、实践和创新的综合性人才培养生态系统展开，旨在全面提升从业人员在数据分析、人工智能、大数据处理和机器学习等领域的专业能力，并确保他们掌握数据安全、隐私保护，以及相关法律法规的知识。与高等教育机构的合作对开发符合当前和未来行业需求的课程至关重要，这不仅包括基础的理论知识和技能培训，还应涵盖应用实践和创新研究。通过引进业内专家和学者，举办研讨会、工作坊和在线课程，可以确保从业人员的知识体系得到及时更新，并促进行业最佳实践的共享。通过建立企业与教育机构之间的密切合作关系，为学生提供实习和就业机会，不仅有助于将理论知识转化为实践技能，也使得企业能够直接参与人才培养过程，进而确保培训内容与行业需求紧密对接。此外，政府和行业组织应共同举办技术研讨会、行业大会和技能竞赛等活动，为从业人员提供学习交流的平台，同时促进最新技术和行业动态的传播。为了鼓励持续学习和技能提升，设立专项基金和奖励计划对于激励在数字经济统计监测领域取得显著成就的个人和团队至关重要。企业内部应建立终身学习文化，通过提供在线课程、工作坊和专业培训支持员工技能和知识的不断更新。加大对创新研究和技术开发的投入，支持在人工智能、大数据分析等前沿技术领域的科研工作，不仅能推动技术进步，还为人才培养提供更多资源和机会。通过这样一个全方位、多层次的人才培养方案，海南自贸港将能够培育出一支既具备深厚理论基础又拥有丰富实践经验的高素质人才队伍，为数字经济的持续发展和创新提供强有力的支持。

第三章 海南自贸港数字经济规模测算与特征分析

第一节 数字经济规模测度方法和测度难点

一、数字经济规模测度方法综述

学术界对数字经济规模的测量研究正逐渐增多，虽然数字经济的定义在国际上还没有达成统一的共识。这些研究主要运用了四种方法：国民经济账户核算、增长函数核算框架、计量经济学方法及指数体系构建方法。前三者主要用于评估数字经济的发展规模，而指数体系构建法则更侧重于对数字经济发展水平进行综合评价。

在探讨数字经济核算范围的文献中，通常将其分为"窄口径"和"宽口径"两个概念。窄口径关注的是在现有的产业和产品分类体系中，哪些产业和产品属于数字产业化的范畴。而宽口径则进一步包括了产业数字化，拓宽了数字经济的界定范围。国家统计局发布的《数字经济及其核心产业统计分类（2021）》也采纳了这种分类，其中数字经济的核心产业（01～04 大类）代表数字产业化，第 05 大类则代表产业数字化。研究表明，数字经济规模的测算主要围绕数字产业化和产业数字化两个方面展开，尤其是产业数字化方面的测度显得更加复杂。众多经典文献倾向于从数字产业化（"窄口径"）的角度出发，讨论数字经济的核算范围和测算方法。这些研究一般将数字经济规模区分为增加值规模和最终产品规模两部分来进行评估，其中绝大多数文献聚焦于增加值规模的研究，而只有少数从最终产品角度入手。无论选择哪一种角度，深入探究数字经济的核算范围都是研究的第一步。在数字经济规模的测算研究中，有影响力的文献通常首先讨论核算范围（即"窄口径"），随后才确定具体的测算方法。

1. 国民经济账户核算法

在数字经济规模测量方面，国民经济账户核算法是国际社会及各国政府普遍采纳的方法，涵盖了生产法、支出法、投入产出法和卫星账户编制等多种技术手段。这些方法根据数字经济的定义和分类进行设计，主要对完全依赖于数字技术和数据要素的经济活动，即数字产业化部分进行核算，以估算数字经济的核心产业规模。

（1）生产法。生产法是一种被国际社会和各国政府广泛采用的数字经济规模核算方法。尽管数字经济增加值的测算范围和方法在国际上尚未统一，导致测算结果存在差异，但经济合作与发展组织的研究框架和美国经济研究局的测算方法已对包括新西兰、澳大利亚和加拿大等国家的官方统计机构产生了显著影响。

经济合作与发展组织是最早进行数字经济测度研究的机构之一，其多次发布关于数字经济测度的政策文件，旨在支持其成员国的数字经济发展。Ahmad、Ribarsky 和 Mitchell 提出了一个包含生产者、产品、方式、使用者的数字经济测度框架，该框架基于促成者的概念，覆盖了系统国民账户生产边界内外的所有数字经济活动。基于经济合作与发展组织的概念框架，新西兰统计局测算了 2007 年至 2015 年间数字订购产品总产出占国民经济总产出的 20%。

美国经济研究局通过供给—使用表识别出数字经济商品和服务及相关产业，并估计 2006 年至 2016 年间美国数字经济的实际增加值年均增长率为 5.6%，远超总体经济 1.5%的增长率。美国经济研究局在 2021 年发布的《最新数字经济估计》报告中，指出 2019 年美国数字经济增加值为 20 516 亿美元，占 GDP 的比重为 9.6%。澳大利亚国家统计局美国经济研究局采用相似的概念范围和方法，测量发现数字经济占 GDP 的比重从 2012 年的 5.4%上升至 2017 年的 5.7%，但同时指出其测算范围的数字活动是有限的。加拿大统计局也借鉴美国经济研究局的概念和测算框架，对加拿大的数字经济增加值规模进行了测算。

国际货币基金组织在其 2018 年发布的《测度数字经济》研究报告中，通过生产法加总信息通信技术增加值，并利用回归结果补充遗漏部分，发现绝大多数国家的数字经济部门附加值不足 10%。

在学术研究领域，平卫英和罗良清对分享经济的核算问题进行了详细分析，并提出了一个基本框架；许宪春和张美慧在界定数字经济范围的基础上，利用《统计用产品分类目录》筛选出数字经济产品，并参考美国经济研究局的测算方法，结合投入产出表及中国数字产业的市场份额等数据，提出了行业增加值结构系数和数字经济调整系数；韩兆安和赵景峰等基于生产视角，从不同维度细化了数字经济行业的分类，通过结合 Kernel 密度估计和 Dagum 基尼系数对中国省级层面的数字经济增加值及其 GDP 比重进行了测算；鲜祖德和王天琪根据《统计分类（2021）》对 2012—2020 年数字经济的核心产业规模进行了测算与预测；苏屹和支鹏飞等结合《中国地区投入产出表》及历年《中国统计年鉴》等数据，通过行业增加值结构系数、数字经济调整系数、行业增加值率等工具系数，对各省份的数字经济增加值进行了估算；李海霞和周国富则基于《统计分类（2021）》和投入产出表，对中国数字经济核心产业的规模及其细分行业占比进行了再测算。

（2）支出法。支出法主要从最终产品的角度出发，通过反映数字经济的净产品和需求来评估其发展情况。这种方法在国民经济总账中对应于支出法，关注的是最终消费品和服务的支出，从而能从需求侧全面把握数字经济的规模和发展水平。早期，Machlup 是首位提出"知识产业"概念的学者，并在此基础上建立了信息化测度的体系，采用支出法测算知识和信息生产活动对经济的影响。他所界定的知识产业范围包括教育、研究与开发、通讯媒介、信息设备和信息服务等，这些都与信息经济乃至当代的数字经济紧密相关。在 Machlup 的工作之后，多个研究和咨询机构采用支出法进行了数字经济规模的测算。例如，麦肯锡采用支出法来测算互联网 GDP，而波士顿咨询集团在 G20 峰会上提出了 e-GDP 概念，采用支出法评估与数字设备的创造、生产、服务提供和应用相关联的所有活动。然而，波士顿咨询的研究未考虑效率提升带来的价值，并且其定义的互联网经济范围小于数字经济，导致最终测算结果低于其他一些研究成果。续继和唐琦进一步从消费、投资和出口这三类最终产品的角度，综述了数字经济对名义产出水平核算带来的挑战，并指出了数字经济与相关国民经济核算研究的潜在方向，强调了支出法在数字经济测算中的应用及其面临的挑战。张红霞基于 Leontief 投入产出模型和 Ghosh 投入产出模型，从最终产品角度出发，建立了一个包含数字部门产品及数字化产品规模的数字经济规模测算框架，考虑了数字技术通过生产网络的产业关联对各个产业产生的影响。

（3）投入产出法。投入产出分析帮助理解数字技术投入（如软件、硬件、信息通信技术服务等）如何影响经济的各个部门，以及这些技术如何贯穿整个经济体，产生价值。通过分析产业之间的投入与产出流动，可以估算出数字技术对整体经济产出的贡献。贺铿率先在中国进行信息产业投入产出表的

编制,开创了定量研究中国信息产业规模的先河。随后,康铁祥基于 2002
年的投入产出表,估算出中国数字经济规模约为 1.08 万亿元,占 GDP 比重
8.85%,尽管该研究在数字辅助活动增加值的处理上较为简化,但对于理解
数字经济的经济贡献具有重要意义。向书坚和吴文君借鉴 OECD 的框架,提
出了中国数字经济卫星账户的设计,通过专门性核算,初步测算了 2012 年
至 2017 年中国数字经济主要产业部门的增加值。李洁和张天顶利用投入产
出模型及相关基础数据详细测量了中国数字经济的规模,为理解其发展趋势
提供了坚实的数据基础。最近的研究,如张少华和朱雪冰等通过编制产业链
投入产出表分析了中国数字经济的产业链规模和循环状况,发现数字经济已
成为经济增长的重要引擎,同时指出产业链循环中存在的问题。张天顶和魏
丽霞等采用基于"属权原则"的要素收入核算方法,为数字经济规模的测算
提供了新的视角。这些研究不仅深化了对中国数字经济规模和结构的理解,
也为政策制定和数字经济的进一步发展提供了重要参考。

(4)卫星账户法。编制数字经济卫星账户(DESA)提供了一种全面统
计数字经济交易活动的方法,覆盖了国民经济的所有产业。这种方法的目的
是保证数字经济领域统计的完整性,把数字经济活动作为一个整体来观察。
在国际上,经济合作与发展组织、美国和新西兰在 DESA 构建的基础理论、
方法指导和测算应用等方面进行了充满启发性和探索性的研究工作。经济合
作与发展组织专注于理论的完善和方法的探索。经济合作与发展组织成立的
"数字经济下 GDP 测度的咨询组"开发了数字经济卫星账户的基本框架,并
尝试围绕数字交易类型编制数字经济卫星账户的供给使用表。在国家层面,
澳大利亚、智利、南非已经建立了信息通信技术卫星账户。马来西亚自 2009
年起开始编制信息通信技术卫星账户,并于 2011 年引入辅助指标,形成了
马来西亚的数字经济卫星账户。新西兰统计局则利用供给—使用表对 2007
年至 2015 年新西兰的数字经济进行了宏观经济层面的测度,这是对经济合

作与发展组织数字经济维度研究的一次实践性尝试。美国经济分析局
（BEA）在 2018 年发布《定义与测度数字经济》的工作报告，此报告为 BEA
构建 DESA 提供了基础研究，报告利用北美产业分类体系对数据进行分类，
并使用供给—使用表对 2006 年至 2016 年美国数字经济规模进行测算。

　　中国学者对数字经济卫星账户的构建和应用研究也保持了及时跟进。屈
超和张美慧首次提出构建信息通信技术卫星账户的设想。杨仲山和张美慧针
对中国数字经济的现状，提出了 DESA 编制的整体框架，并讨论了基本概念、
核心框架，以及核心表式和数据清单，明确了编制数字经济的静态总量指标
和直接贡献指标。向书坚和吴文君设计了一个中国数字经济卫星账户的框
架，分析了数字经济活动对各项核算的影响，并对 2012 年至 2017 年中国数字
经济主要产业部门的增加值进行了初步测算。罗良清和平卫英等从数字技术与
实体经济融合的角度出发，尝试构建了一个全面且国际可比的中国数字经济卫
星账户框架，并设计了包括数字经济供给表和使用表、投资矩阵表、就业统计
表及互联网免费服务统计表在内的一系列核心表式和相关总量指标。

　　2. 经济增长框架核算法

　　在测量应用数字技术和数据资源对传统产业产出增加和效率提升的影
响方面，即产业数字化部分，经济学家采用了基于 Solow 新古典增长核算模
型发展出的模型，这些模型衡量了信息通信技术资本深化和全要素生产率对
经济增长的贡献。Jorgenson 和 Griliches 及 Oliner 和 Sichel 的工作代表了这
一研究领域的开端，他们的研究揭示了 20 世纪中后期和 21 世纪初期美国经
济增长中信息通信技术投资快速增加的重要作用。Jorgenson 等定义了 IT 资
本投入超过 15.4%的行业为信息通信技术密集使用行业，并分析了 IT 生产与
IT 密集使用行业对美国 TPF 增长的贡献。Stiroh 和 Inklaar 在研究中发现，
组织管理改进、规模效应、创新效应等信息技术的外部性通过增长核算中的
Solow 残差 TFP 得到反映。国内学者王宏伟及国际学者 William 等在增长核

算框架下,分别测算了 IT 生产与 IT 密集应用行业对 TFP 增长的经济贡献度。Corrado 和 Jäger 通过建立信息通信技术与 TFP 增长关系的计量模型,对欧洲八国非信息通信技术部门中信息通信技术应用带来的 TFP 增长贡献进行了测算,为解决这一问题提供了新的视角。蔡跃洲指出,常规 GDP 核算方法难以全面测量数字经济的增加值,特别是数字技术对传统产业效率提升所带来的增加值部分,并提出了基于增长核算的测算框架,旨在准确测量数字经济的增加值规模及其对 GDP 的贡献。中国信息通信研究院从数字产业化和产业数字化两个方面对数字经济增加值进行测算,采用了生产核算和增长核算框架从国民经济各产业的增加值中剥离出数字技术对其的贡献度。彭刚和赵乐新将数字经济划分为"基础层"和"融合应用层",测算了非信息通信技术行业中因使用信息通信技术资本而创造的增加值规模。陈梦根和张鑫基于投入产出序列表,建立了一个数字经济要素投入核算框架,关注于数字资本服务量的测算。这些研究不仅从增加值角度测算了产业数字化规模,而且尝试了从最终产品角度的测算,提供了对宽口径数字经济增加值测算方法的有益探索。另外还有孙琳琳等、杨晓维和何昉、Vu 及 Cette et al. 基于新古典模型分别测算了信息通信技术资本深化对总产出的贡献。

尽管增长核算框架在测算数字经济增加值方面被广泛应用,但由于依赖于特定的经济学假定和不同的估计方法,导致各研究结果存在较大差异。目前文献主要集中在增加值角度的测算,对于最终产品入手的测算相对较少,这表明产业数字化规模的测算方法仍在不断发展和完善中。

3. 计量经济模型核算法

计量经济模型方法一般用于评估数字技术及活动如何渗透并影响经济增长。埃森哲咨询公司通过考虑数字技能、数字技术等多维度指标,并利用跨国数据进行回归分析,评估了数字杠杆对 TFP 及 GDP 的影响。该研究通过计量经济学方法,估计了数字经济规模及其对经济增长的贡献,为理解数字技术渗透率与经济增长之间关系提供了重要视角。腾讯研究院采用了面板固定效应回归分析，基于多期 GDP 季度数据和"互联网＋数字经济指数"，来估算这一指数与 GDP 之间的关系，并据此推算数字经济的增加值。该方法虽提供了对数字经济渗透规模的初步估算，但其依赖于假设其他条件不变的前提，未明确其他自变量的具体内容，导致其外推结果的准确性存在一定的不确定性。中国社会科学院数量经济与技术经济研究对产业数字化部分的增加值采用"先增量后总量，先贡献度后规模"的原则进行测算。该方法通过综合使用增长核算和计量分析等定量工具，对 17 个细分的非数字部门行业进行了详细的分析，旨在更精确地测算数字技术在不同产业中的渗透效果。

4. 统计指数体系核算法

编制数字经济统计与评价指数体系是评估数字经济发展程度的一种重要方法，它不仅展现了强大的可扩展性，以适应数字经济的持续演进，而且通过经济、社会、民生等多维度的全面考量，深入反映了数字经济在经济社会生活中的发展潜力和其广泛的渗透与融合特性。自小松崎清介等开创"信息化指数"测算的先河以来，多个国家和国际组织相继展开了丰富的相关研究。美国信息技术与创新基金会、经济合作与发展组织和欧盟统计局分别推出的新经济指数、数字经济统计指标体系以及数字经济和社会指数，从各自独特的视角衡量数字经济的发展水平。此外，世界银行编制的知识经济指数，以及其衍生的数字知识经济指数通过覆盖广泛的国家，提供了一个关于数字经济竞争力的全球视野。

在中国，早期研究者如杨京英等采用信息化指数方法来评估中国信息化的进展。随后，中国信息通信研究院推出了数字经济指数，目的在于监测和反映数字经济的发展态势。上海社科院发布的全球数字经济竞争力指数，张雪玲和焦月霞、范合君和吴婷提出的多样化数字经济指标体系，以及吴翌琳构建的国家数字竞争力测度指标体系，均对数字经济的社会经济影响进行了从多维度的深入分析。赵涛等从数字金融普惠和互联网发展两个角度出发，对城市层面的数字经济综合发展水平进行了评估。Pan 等指出，仅依据互联网和信息技术的变化来衡量数字经济的发展是片面的，从而 MA D 和 ZHU Q 进一步从数字基础设施、工业数字化转型、数字化发展的可持续性，以及数字产业融合发展等维度，构建了一个综合评价数字经济的指标体系。

为了能够更好地理解和衡量数字技术在促进经济增长和提高生产效率方面的作用，新近的研究更侧重于结合不同测算方法，更全面和精细的测度数字经济规模。例如，蔡跃洲和牛新星从数字技术及数据要素的技术—经济特性出发，基于数字技术/信息通信技术的渗透性、替代性、协同性特征，将数字经济分为"数字产业化"和"产业数字化"两部分，并利用国民经济核算、增长核算和计量分析等工具来测算中国数字经济的增加值规模。朱发仓和乐冠岚等将数字经济划分为数字技术生产和数字技术应用两部分，对数字技术生产部门采用生产法核算其增加值，而对数字技术应用部门则发展了"两步法"计算增加值的方法。将数字技术视为一种资本投入要素，利用增长核算框架估计其对经济增长的贡献，然后将这一贡献转化为相应的增加值。应用这一方法于浙江省，研究表明 2015 年至 2018 年浙江省数字经济总量及各分部门增加值均显著增长。许宪春和胡亚茹等通过生产法对数字经济核心产业的增加值进行测算，并利用投入产出表、经济统计年鉴等数据，结合增长核算框架和计量经济学方法，从 GDP 增长中分离出数字技术的贡献部分，对数字经济融合产业增加值进行了测算。黄浩和姚人方提出了一种结合国民账户和增长核算框架的方法，用于将数字经济分为创新型和效率型两种增长模式进行核算。对于能够明确产业边界并有调查数据支持的创新型数字经济部分，采用国民账户方法进行核算；而与传统产业深度融合、不易剥离的效率型数字经济部分，则通过增长核算方法估算其经济增加值。研究发现，2012年至2018年间，中国的数字经济规模大约占GDP的10%到20%，而美国的数字经济规模则稳定在GDP的20%左右，且效率型数字经济产生的经济效益远高于创新型数字经济。

综上所述，国内外的研究显示了向宽口径的数字经济概念倾斜的趋势，然而，在数字经济增加值的测算层面，采用国名经济核算方法测算窄口径数字经济增加值更为成熟，具有较强的国际可比性。而关于数字经济卫星账户的理论和实践研究已取得一定进展，但由于基础数据的可得性及一些难点问题，实践中暂时还无法编制完善的数字经济卫星账户。另外，尽管基于增长核算框架和计量经济学方法对"产业数字化规模"进行测算的研究为数字经济的增加值提供了新的视角，但目前还未形成统一的宽口径数字经济增加值测算方法，需要进一步的研究探索。

二、数字经济规模测度的难点与挑战

随着全球数字化转型的加速，数字经济作为现代经济体系的重要组成部分，其特征和影响引起了广泛关注。然而，对数字经济的全面理解和准确评估面临着一系列挑战，从定义和范围的确定到经济活动参与者角色的模糊化，再到非正式交易和跨境活动的核算问题，以及传统统计方法在新数据环境下的局限性等。这些挑战不仅体现了数字经济与传统经济统计和核算体系之间的差异，也暴露了现有经济理论和方法在面对数字经济快速发展时的不足。为了深入探讨这些挑战，从四个方面进行了详细的分析，并提出了相应的建议。

（一）定义与范围的界定难题

在探索数字经济的定义与范围时，一个显著的挑战是全球尚未就其统一的定义和范围达成共识。这种不确定性不仅妨碍了数字经济规模的精确度与国际比较的可行性，而且随着技术的不断演进和数字经济形态的变化，对数字经济的深层次认识和理解的需求不断增长，进而对统计体系提出了更高的灵活性和适应性要求。例如，经济合作与发展组织对数字经济的界定主要集中在基于数字化信息和知识的经济活动，而世界银行则更侧重于数字经济在促进全球包容性增长方面的潜力。这种在定义上的差异导致了对数字经济统计和分析方法的分歧，从而影响了国际间数据的一致性和比较性。以中国和美国为例，中国的数字经济规模在其国内生产总值中的占比迅速增长（中国信息通信研究院报告），而美国商务部经济分析局发布的报告则侧重于信息技术和相关服务在美国经济中的角色，两者在统计范围和方法上存在明显差异。这些差异在一定程度上反映了不同国家在发展阶段、产业结构和政策重点方面的差异，也揭示了缺乏统一定义和统计方法可能带来的国际比较难题。此外，随着云计算、大数据、人工智能等前沿技术的发展和应用，数字经济的形态和内容在不断扩展和深化，这进一步增加了对其定义和范围明确界定的挑战。例如，人工智能技术在医疗、金融、制造等传统行业中的应用不仅改变了产业运作模式，也促进了新的经济增长点的形成，这些变化需要在数字经济的统计和分析中得到充分考虑。因此，对数字经济的界定和范围的明确化，需要国际组织、各国政府、学术机构和行业组织的共同努力，通过不断的研究和讨论，形成更加统一的理解和方法，以促进数字经济的健康发展和准确评估。

（二）经济活动参与者角色的混淆

数字技术的快速发展和广泛应用已经深刻地改变了经济活动的传统格局，尤其是在生产者与消费者角色的界限上造成了显著的模糊化。这种模糊化主要表现在两个方面：一是消费者在数字经济中逐渐成为内容和服务的共同创造者；二是生产者与消费者间的互动方式发生了根本性变化。例如，通过平台如 YouTube 和 Instagram，普通消费者不仅可以消费内容，还能创造内容并获得收益，这使得他们同时扮演了生产者和消费者的双重角色。此外，众包和众筹平台如 Kickstarter 和 Indiegogo 进一步模糊了生产者和消费者的界限，消费者通过资助项目的方式直接参与到产品的开发和生产过程中，甚至在某些情况下对产品的最终形态有决定性影响。这种参与者角色的模糊化对经济活动的划分和统计提出了新的挑战。在传统的经济核算框架下，生产和消费是被明确区分的两个环节，而在数字经济中，一个活动可能同时包含生产和消费的元素，如用户生成的内容就是一个典型例子。这不仅加剧了经济核算的复杂性，也要求统计方法和工具必须进行相应的调整和创新以适应这一变化。这种角色的模糊化还影响了价值链的传统理解。在数字经济中，价值创造不再仅是沿着线性的供应链进行，而是在一个更加复杂和动态的网络中进行，消费者的参与成为价值创造不可或缺的一部分。例如，社交媒体平台的价值在很大程度上依赖于用户生成的内容和互动，这意味着传统的价值创造和捕捉机制需要对这种新兴的价值创造方式做出响应。

总之，数字技术引起的经济活动参与者角色的模糊化要求对传统的经济统计和核算体系进行重新思考和改造。为了准确地反映数字经济的特点和规模，需要开发新的统计方法和指标，以捕捉消费者在生产过程中的参与度，以及价值创造在非传统渠道中的流动。这不仅是一个技术上的挑战，也是对现有经济理论和模型的挑战，要求从政策制定到企业战略再到经济理论的各个层面进行深刻的反思和创新。

（三）非正式交易与跨境活动的核算挑战

在数字经济的背景下，非正式交易方式，以及跨境电子商务和知识产权的流动构成了对传统统计和核算体系的显著挑战。这些挑战的核心在于，这类经济活动的非正式性和跨境特征使得它们难以通过传统的统计方法被完整记录和准确核算，从而影响了数据的完整性和准确性，并进一步导致了统计偏差和核算误差。以跨境电子商务为例，其快速增长的交易量和全球范围的业务拓展特性，特别是在消费者与消费者和企业与消费者模式中的表现，为传统的进出口统计带来了巨大挑战。例如，中国的阿里巴巴和美国的亚马逊等跨境电子商务平台，它们通过简化跨境交易流程，大大促进了全球范围内的商品流动。然而，这些交易的非正式性和小额化特征使得它们很难被全面统计和核算在传统的贸易平衡表中。此外，由于跨境电子商务涉及的税收、关税政策和货币兑换等复杂问题，进一步增加了对这些活动准确统计的难度。知识产权的跨境流动也呈现出类似的挑战。在数字化时代，知识产权如软件、专利和版权等的跨境使用和转让变得日益频繁。这种流动性不仅促进了全球创新资源的共享和利用，也对传统的知识产权统计和价值核算模式提出了挑战。例如，软件和数字内容的跨境许可使用，其价值很难通过传统的贸易统计方法来捕捉，尤其是当这些交易在线上匿名进行时。此外，数字平台促进的非正式交易方式，如共享经济中的个人对个人租赁和服务交换，这些活动往往基于互联网平台而发生，涉及的交易额难以被传统的经济统计方法完全记录。例如，Airbnb 和 Uber 等平台的服务，虽然为城市旅游和交通带来了便利，但同时也给城市的官方统计和经济核算带来了难题，特别是在度量它们对传统住宿和交通行业产生的经济影响时。

总之，非正式交易和跨境电子商务活动的增长及其对传统统计和核算体系的挑战，要求相关机构和组织开发新的统计工具和方法，以便更准确地捕捉和反映数字经济时代下的经济活动。这不仅需要国际合作和信息共享，也需要对现有统计和核算模式进行创新和改进，以适应数字经济的发展需求。

（四）传统统计方法的局限性

在大数据时代的背景下，传统统计方法在处理与数字经济相关的庞大和复杂数据集时展现出明显的局限性。这些方法通常基于抽样调查或是对已有数据的定期收集，而在数字经济的快速演变和数据生成速度面前，这样的方法往往难以捕捉到实时变化和深层次模式。随着数字经济的蓬勃发展，对于统计方法和工具提出了新的要求，这不仅包括能够处理大规模数据集的能力，还包括对数据复杂性和多样性的适应能力。以社交媒体数据为例，传统统计方法难以有效处理和分析社交媒体平台上产生的海量数据。这些数据不仅体量巨大，而且形式多样，包括文本、图片、视频等，它们对于理解消费者行为、市场趋势等方面具有重要价值。然而，要从这些数据中提取有用信息，并将其转化为可靠的统计指标，需要运用更为先进的数据处理技术，如自然语言处理和机器学习算法，这些技术能够自动分析文本内容，识别图像和视频中的模式，从而提高数据分析的效率和准确性。另一个例子是电子商务平台的交易数据。这些平台每天会产生大量的交易记录，包含了丰富的消费者购买行为和偏好信息。传统的统计方法往往无法实时处理这些数据，也难以挖掘其中的潜在关联和趋势。而通过运用大数据分析技术，可以实时追踪和分析消费者行为，更准确地预测市场趋势，为企业决策和政策制定提供支持。因此，为了更好地适应数字经济的特征，迫切需要开发新的测度方法和改进现有技术。这包括利用大数据技术进行实时数据收集和分析，运用人工智能技术提高数据处理的自动化和智能化水平，以及开发新的统计模型和算法来分析和解释数据中的复杂模式。同时，这也要求统计工作者具备跨学科的知识和技能，能够在统计学、计算机科学和经济学等领域之间进行有效地交流和合作。

综上所述，面对数字经济的发展带来的统计和核算挑战，需要国际社会共同努力，不断探索和创新，形成更加统一的定义和统计方法，同时开发新的技术和工具以适应数字时代的需求。只有这样，才能更准确地理解和评估数字经济的规模和影响，为政策制定提供科学依据，促进经济的持续健康发展。

第二节　海南自贸港数字经济规模测算

一、总体框架

在评估数字经济的规模时，研究通常围绕两个核心方面进行：一是计算数字经济核心部门的增加值及其增长率，以揭示该领域的发展水平和趋势变化；二是分析数字经济与传统行业结合产生的增值效应，以体现数字化技术对传统产业的增产和效率提高所起到的作用。对数字经济核心产业的规模估计主要采取基于国内总产值的生产方式。在大多数研究中，通常先是明确数字经济的界限，随后对其增加值进行计算。基于确定的数字经济核心行业分类，充分利用已有的投入产出数据、经济年鉴等资源，对核心行业内部各个部门的增加值进行详细计算并求和。对于那些既含有数字经济核心产业又包括其他非核心部分的行业，可以通过详尽的经济普查数据等，借助主要业务收入的比重间接估算出行业内数字经济的比重。为了评估核心行业的实质增长水平，需要用到相关行业的价格指数，消除价格波动的影响，得出固定价格下的数字经济核心行业增加值，从而分析其实际增长情况。至于数字经济与传统产业融合的部分的增值规模测算，目前常用的方法是结合增长核算框架和计量经济模型进行。这种方法通过解析资本、劳动和全要素生产率等多个因素的贡献，从而从 GDP 增长中提取出数字技术的具体贡献。尽管基于 Solow 增长模型的增长核算框架在可扩展性方面表现良好，研究者根据不同的研究背景和目标对模型进行调整，但这种方法在实际应用中仍存在一定的局限性。由于模型设置、数据源选择和参数配置的差异，不同的研究结果间存在较大的差异，这对于准确评估数字技术对传统产业的促进作用造成了困难。相比国民账户方法，增长核算的误差通常较大。现有的增长核算方法未能充分考虑行业间数字技术应用效果的差异性，这也增加了核算的误差。现行的核算方法大多将焦点放在整个 GDP 中数字技术的贡献上，而没有明确区分数字经济部门与传统经济部门之间的差异，也能导致增值核算的误差。数字技术在促进数字经济部门和传统产业增长方面的机理不同，产生的经济效果也有所不同，因此有必要将这些影响明确分离出来。由此看来，基于增长核算框架的产业数字化规模测算方法在学术上尚未形成统一的认识，其方法论仍需进一步深化和完善。同时，由于涉及大量的生产函数理论、资本存量测算及行业特定参数的设定等，整个测算过程中存在众多的人为设定因素，这使得理解和应用该方法成为一项挑战。

综合借鉴国际和国内已有的研究成果，对海南省数字经济进行全面测度，范围涵盖数字产业化（即数字经济的核心产业）和产业数字化（数字经济的融合产业）两个部分。测算指标主要是增加值，即数字经济核心产业增加值和融合产业增加值，融合产业增加值主要反映效率提升的规模。对于数字经济核心产业的增加值，将主要采用国民经济核算体系中的生产法进行估算；而对于数字经济融合产业数字化增加值规模，则通过建立海南自由贸易港的数字经济投入产出模型来进行初步评估。通过将这两部分的结果相加，最终得出海南省数字经济的总增加值。在统计分类上，本书依据国家统计局发布的《数字经济及其核心产业统计分类（2021 年）》和《国民经济行业分类》（GB/T 4754—2017），并结合海南省的具体情况及其投入产出表，匹配海南省的各个细分行业与投入产出表中的产品部门，以便从投入产出表中提取各细分行业的数字经济增加值。具体框架见图 3-1。

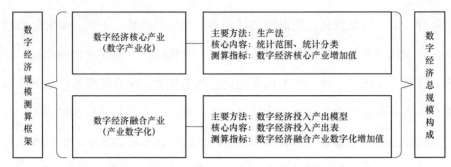

图 3-1　海南自贸港数字经济规模测度总体框架

二、数字经济核心产业规模测度与分析

（一）统计范围与测算思路

1. 统计范围

根据《统计分类（2021）》的划分标准，数字经济的核心产业被划分为四个主要类别。包括数字产品制造业、数字产品服务业、数字技术应用业及数字要素驱动业。这些领域涵盖了从生产必需的元器件、硬件、机器人到通信基础设施如光纤电缆的数字产品制造业；涉及数字产品流通和维护服务的数字产品服务业；提供软件产品、信息通信技术服务和信息传输服务的数字技术应用业；以及支持产业数字化转型，包括信息基础设施建设和高度数字化的传统行业（如互联网零售、数字金融、数字内容和媒体）的数字要素驱动业。这些核心产业在《国民经济行业分类（2017）》（GB/T 4754—2017）中细分为 26 个大类、68 个中类和 126 个小类，构成了数字经济发展的根基。核心产业的四个大类产业与国民经济行业大类和中类的对应关系如表 3-1 所示。

表 3-1　数字经济核心产业与国民经济行业分类对应表

数字经济核心产业分类	对应的国民经济行业分类			
	大类		中类	
	编码	个数/个	编码	个数/个
数字产品制造业	23、24、26、34、35、38、39、40	8	233、246、266、347、349、356、382、383、387、389、391、392、393、394、395、396、397、398、399、401	20

数字经济核心产业分类	对应的国民经济行业分类			
	大类		中类	
	编码	个数/个	编码	个数/个
数字产品服务业	51、52、71、81	4	517、524、527、711、712、812	6
数字技术应用业	63、64、65、74、75、86	6	631、632、633、641、642、644、645、649、651、652、653、654、655、656、657、659、744、751、861	19
数字要素驱动业	47、48、49、51、52、64、66、69、72、73、86、87	12	479、485、491、499、519、529、643、663、693、694、721、722、725、727、732、862、871、872、873、874、875、876、877	23
合计	—	30*	—	68

注明：数字经济核心产业对应 26 个国民经济行业大类，"*"处合计的国民经济行业大类为 30 个，是因为数字要素驱动业对应的行业大类中，"51 批发业""52 零售业"两个大类与数字产品服务业对应大类重复；"64 互联网和相关服务""86 新闻和出版业"两个大类与数字技术应用业对应大类有重复。

2. 测算思路

为了确保测算过程的合理性和结果的可靠性，同时考虑数据的可获得性和统一性，主要采用海南省的 2017 年的投入产出表数据来测算海南省数字经济核心产业增加值。鉴于投入产出表的部门分类与国民经济行业分类存在一定的差异，首先将数字经济的四大核心产业与国民经济行业的小类进行对照，如表 3-2 所示，详细的分类和行业描述参照《统计分类（2021）》和《国民经济行业分类（2017）》（GB/T 4754—2017）。然后，将这些行业小类与海南省投入产出表的部门分类对应起来，将完全对应部门的增加值直接计入核心产业的增加值的一部分；对于部分对应的部门，则通过设定合适的系数来分离出属于数字经济的增加值部分。接着，将完全对应部门和部分对应部门两部分的增加值合并，分别计算出四大核心产业的增加值。最后，将四大核心产业增加值合并，得出海南省数字经济核心产业的总增加值。

表 3-2　数字经济核心产业分类与国民经济行业小类对应表

数字经济核心产业分类		对应国民经济行业小类
数字产品制造业（01）	计算机制造（0101）	3911、3912、3913、3914、3915、3919
	通讯及雷达设备制造（0102）	3921、3922、3940
	数字媒体设备制造（0103）	3931、3932、3933、3934、3939、3951、3952、3953
	智能设备制造（0104）	3491、3492、3874、3961、3962、3963、3964、3969
	电子元器件及设备制造（0105）	3562、3563、3824、3825、3891、3971、3972、3973、3974、3975、3976、3979、3981、3982、3983、3984、3985、3989、3990
	其他数字产品制造业（0106）	2330、2462*、2664、2665、3475、3493、3831*、3832、3833、4011
数字产品服务业（02）	数字产品批发（0201）	5176、5177、5178
	数字产品零售（0202）	5273、5274、5244
	数字产品租赁（0203）	7114、7125
	数字产品维修（0204）	8121、8122
	其他数字产品服务业（0205）	—
数字技术应用业（03）	软件开发（0301）	6511、6512、6513、6519
	电信、广播电视和卫星传输服务（0302）	6311、6312、6319、6321、6322、6331、6339
	互联网相关服务（0303）	6410、6421、6422、6429*、6440、6450、6490、8610*
	信息技术服务（0304）	6520、6531、6532、6540、6550、6560、6571、6572、6579、6591、6599、7441、7449
	其他数字技术应用业（0305）	7517
数字要素驱动业（04）	互联网平台（0401）	6431、6432、6433、6434、6439
	互联网批发零售（0402）	5193、5292
	互联网金融（0403）	6637、6930、6940
	数字内容与媒体（0404）	7251、8624、8625、8626、8710、8720、8730、8740、8750、8760、8770
	信息基础设施建设（0405）	4790*、4851*、4910*、4999*
	数据资源与产权交易（0406）	7213*
	其他数字要素驱动业（0407）	7224、7272、7320*

　　注明：此表中"*"表示不完全对应。

对于数字经济行业分类与投入产出表部门部分对应的增加值测算步骤，假定数字产品部门中间消耗率等于行业中间消耗率，数字产品部门中间投入/数字产品部门总产出＝行业中间投入/行业总产出；使用投入产出表数字经济部分对应部门中，数字产品部门的中间投入占行业中间投入合计的比重作为数字产品部门的贡献率，数字产品部门贡献率＝数字产品部门中间投入/行业中间投入合计；运用投入产出分析中间投入率计算公式，计算行业数字经济的总产出，即根据前两步公式变形得：部分对应行业的数字经济总产出＝行业总产出·数字产品部门贡献率；运用生产法计算数字经济行业的增加值，即部分对应行业数字经济增加值＝部分对应行业的数字经济总产出－数字产品部门中间投入。其中，将数字经济核心产业与投入产出表完全对应的部门称为数字产品部门（或行业），包含投入产出表中的印刷和记录媒介复制品（23038）、电线、电缆、光缆及电工器材（38084）、计算机（39088）、通信设备（39089）、广播电视设备和雷达及配套设备（39090）、视听设备（39091）、电子元器件（39092）、其他电子设备（39093）、电信、广播电视和卫星传输服务（63121）、互联网和相关服务（64123）、软件和信息技术服务（65124）、广播、电视、电影和影视录音制作（87144）12 个类别。

需要说明的是，互联网和相关服务（64123）部门，一部分（除互联网平台）与数字技术应用业对应，一部分（互联网平台）与数字要素驱动业对应，总体上数字经济核心产业分类与投入产出表部门是完全对应的。在具体的操作过程中，基于数字经济核心产业的大类，结合中类和小类的描述，实现对应国民经济行业小类与投入产出表部门的匹配，而不特别区分核心产业的中、小类与投入产出表部门之间的具体对应关系。

3. 几个特殊行业的处理

在研究中发现，投入产出表中的一些部门分类，如批发（51105*）、零售（52106*）、互联网和相关服务（64123*）以及新闻和出版（86143*），同时涉及数字经济核心产业的两个主要领域。具体来说，批发和零售行业与数字产品服务业，以及数据要素驱动业相关联，而互联网和相关服务及新闻和出版行业则同时与数字技术应用业和数字要素驱动业有关。这意味着，不能简单地采用部分对应部门的数字经济增加值测算方法。与许宪春、张美慧、李海霞和周国富等人的做法一致，借鉴了美国经济分析局的处理方法。将这些产业的数字经济增加值按照 9:1 的比例进行拆分处理。其中，90%的部门增加值归属于"数字化赋权基础设施"，而剩余的 10%则归属于"数字化媒体"。更具体地说，"数字化赋权基础设施"包括数字产品服务业和数字技术应用业，而"数字化媒体"则对应数字要素驱动业。

需要特别说明的是，投入产出表中的互联网和相关服务服务业，虽然分属于数字技术应用业和数字要素驱动业，但从整个数字经济核心产业来说，是完全对应的，因此，只需要将其在投入产出表对应的增加值，按照9:1 的比例分配给数字技术应用业和数字要素驱动业就可以。对于批发、零售业，以及新闻和出版业，情况则稍有不同。这些行业虽然也部分涉及数字经济核心产业，但并不是全部活动都与数字经济直接相关。因此，在处理这部分数据时，需要先采用计算出它们在数字经济中的增加值部分，即将非数字经济的活动剥离，确保仅仅计算与数字经济直接相关的增值部分。然后，再根据之前提到的 9:1 的比例，将这部分增加值适当地分配给不同的数字经济核心产业大类。剥离非数字经济活动的方法，与部分对应的增加值测算方法一致。

（二）实际测算过程与测算结果

1. 数字产品制造业增加值

（1）完全对应部门的增加值测算

数字产品制造业包含计算机制造、通讯及雷达设备制造、数字媒体设备制造、智能设备制造、电子元器件及设备制造和其他数字产品制造业。根据前述表 3-2，将数字产品制造业对应的国民经济行业小类，与海南省 2017 年 142 部门投入产出表部门分类对应。其中，记录媒介复制（2330）与投入产出表印刷和记录媒介复制品（23038）完全对应，投入产出表中的电线、电缆、光缆及电工器材（38084）与电气机械和器材制造业（38）大类的个别小类完全对应，计算机、通信和其他电子设备制造业（39）大类所有小类与投入产出表中计算机（39088）、通信设备（39089）、广播电视设备和雷达及配套设备（39090）、视听设备（39091）、电子元器件（39092）、其他电子设备（39093）部门完全对应，如表 3-3 所示。将投入产出表这些行业的增加值相加，得出数字产品制造业数字经济完全对应部门的增加值。即为：

65 015 + 8 643 + 0 + 15 080 + 0 + 0 + 221 + 357 = 89 316.09 万元。

表 3-3　数字产品制造业（01）对应的国民经济行业小类和投入产出表（142）部门

对应国民经济行业小类	对应的投入产出表行业
印刷和记录媒介复制业（23）大类的记录媒介复制（2330）	印刷和记录媒介复制品（23038）
文教、工美、体育和娱乐用品制造业（24）大类的游艺用品及室内游艺器材制造（2462*）	文教、体育和娱乐用品（24040*）
化学原料和化学制品制造业（26）大类的文化用信息化学品制造（2664）、医学生产用信息化学品制造（2665）	基础化学原料（26043*） 日用化学产品（26049*）
通用设备制造业（34）大类的计算器及货币专用设备制造（3475）、工业机器人制造（3491）、特殊作业机器人制造（3492）、增材制造装备制造（3493）	其他通用设备（34072*）
专用设备制造业（35）大类的半导体器件专用设备制造（3562）、电子元器件与机电组件设备制造（3563）	其他专用设备（35076*）
电气机械和器材制造业（38）大类的电力电子元器件制造（3824）、光伏设备及元器件制造（3825）、电线、电缆制造（3831*）、光纤制造（3832）、光缆制造（3833）、智能照明器具制造（3874）、电气信号设备装置制造（3891）	其他电气机械和器材（38087*）、电线、电缆、光缆及电工器材（38084）
计算机、通信和其他电子设备制造业（39）大类所有小类	计算机（39088）、通信设备（39089）、广播电视设备和雷达及配套设备（39090）、视听设备（39091）、电子元器件（39092）、其他电子设备（39093）
仪器仪表制造业（40）大类的工业自动控制系统装置制造（4011）	仪器仪表（40094*）

注明：此表中"*"表示不完全对应。

（2）部分对应部门的增加值测算

根据表 3-3，投入产出表中，文教、体育和娱乐用品（24040*）与游艺用品及室内游艺器材制造（2462*）部分对应，基础化学原料（26043*）和日用化学产品（26049*）与国民经济行业小类化用信息化学品制造（2664）和医学生产用信息化学品制造（2665）部分对应，其他通用设备（34072*）与计算器及货币专用设备制造（3475）、工业机器人制造（3491）、特殊作业机器人制造（3492）、增材制造装备制造（3493）部分对应，其他专用设备（35076*）与半导体器件专用设备制造（3562）和电子元器件与机电组件设备制造（3563）部分对应，其他电气机械和器材（38087*）与电力电子元器件制造（3824）、光伏设备及元器件制造（3825）、智能照明器具制造（3874）、电气信号设备装置制造（3891）等部分对应，仪器仪表（40094*）与工业自动控制系统装置制造（4011）部分对应。根据前述数字经济部分对应行业的数字经济增加值的计算方法，计算结果如表 3-4 所示。由此可知，数字产品制造业数字经济部分对应部门的增加值为 2 023.25 万元。

表 3-4　数字产品制造业数字经济部分对应部门的增加值测算表

数字产品制造业部分对应部门	编码	数字经济部门投入/万元	数字经济部门贡献率	数字经济总产出/万元	数字经济增加值/万元
文教、体育和娱乐用品	24040	10.12	0.03	11.75	1.63
基础化学原料	26043	259.42	0.00	366.97	107.55
日用化学产品	26049	20.88	0.00	31.13	10.25
其他通用设备	34072	8.12	0.00	13.41	5.29
其他专用设备	35076	796.09	0.03	1 072.63	276.54
其他电气机械和器材	38087	506.31	0.19	607.19	100.88
仪器仪表	40094	3673.39	0.26	5 194.50	1 521.11

注明：表中数字经济部门贡献率为"0.00"的数据，实际并非为零，是保留两位小数点导致。

（3）数字产品制造业增加值

数字产品制造业增加值是投入产出表数字经济完全对应部门的增加值

与部分对应部门增加值之和，即 89 316.09 + 2 023.25 = 91 339.34 万元。

2. 数字产品服务业增加值

数字产品服务业包含数字产品批发、数字产品零售、数字产品租赁、数字产品维修，以及其他数字产品服务业。通过比对数字经济国民经济行业小类与投入产出表部门分类，如表 3-5 所示，得出投入产出表的部门分类并没有明确的数字产品服务业，全部包含在传统服务部门中。因此，直接运用部分对应部门的增加值测算方法，测算数字产品服务业增加值，测算结果如表 3-6 所示。

表 3-5　数字产品服务业（02）对应的国民经济行业小类和投入产出表（142）部门

对应国民经济行业小类	对应的投入产出表部门
批发业（51）大类的计算机、软件及辅助设备批发（5176）、通讯设备批发（5177）、广播影视设备批发（5178）	批发（51105*）
零售业（52）大类的音像制品、电子和数字出版物零售（5244）、计算机、软件及辅助设备零售（5273）、通信设备零售（5274）	零售（52106*）
租赁业（71）大类的计算机及通讯设备经营租赁（7114）、音像制品出租（7125）	租赁（71130*）
机动车、电子产品和日用产品修理业（81）大类的计算机和辅助设备修理（8121）、通讯设备修理（8122）	金属制品、机械和设备修理服务（43097*）

注明：此表中"*"表示不完全对应。

表 3-6　数字产品服务业数字经济部分对应部门的增加值测算表

数字产品服务业部分对应部门	编码	数字经济部门投入/万元	数字经济部门贡献率	数字经济总产出/万元	数字经济增加值/万元
金属制品、机械和设备修理服务	43097	670.29	0.08	2 198.67	1 528.38
批发	51105	10 127.87	0.01	31 085.18	20 957.31
零售	52106	16 914.64	0.02	61 666.58	44 751.94
租赁	71130	392.03	0.01	686.27	294.24

由于批发和零售同时对应数字要素驱动业，需要将这两个部门的数字经济增加值按比例分配，将其中的 90% 计入数字产品服务业。因此数字产品服务业增加值为：1 528.38 + 20 957.31 × 90% + 44 751.94 × 90% + 294.24 = 60 960.95 万元。

3. 数字技术应用业增加值

（1）完全对应部门的增加值测算

数字技术应用业包含软件开发、电信、广播电视和卫星传输服务、互联网相关服务、信息技术服务和其他数字技术应用业。投入产出表中，电信、广播电视和卫星传输服务（63121）和软件和信息技术服务（65124），与数字技术应用业的电信、广播电视和卫星传输服务（63）大类所有小类，以及软件和信息技术服务业（65）大类的所有小类完全对应，如表3-7所示。据此，计算数字技术应用业完全对应部门的增加值为：830 700＋387 400＝1 218 100万元。

表3-7　数字技术应用业（03）对应的国民经济行业小类和投入产出表（142）部门

对应国民经济行业小类	对应的投入产出表部门
电信、广播电视和卫星传输服务（63）大类所有小类	电信、广播电视和卫星传输服务（63121）
互联网和相关服务（64）大类中，除去互联网平台（643）中类外，所有小类	互联网和相关服务（64123*）
软件和信息技术服务业（65）大类的所有小类	软件和信息技术服务（65124）
专业技术服务业（74）大类的遥感测绘服务（7441）、其他测绘地理信息服务（7449）	专业技术服务（74133*）
科技推广和应用服务业（75）大类的三维（3D）打印技术推广服务（7517）	科技推广和应用服务（75134*）
新闻和出版业（86）大类的新闻业（8610*）	新闻和出版（86143*）

注明：此表中"*"表示不完全对应。

（2）部分对应部门的增加值测算

投入产出表中互联网和相关服务（64123*）与数字技术应用业的中，除去互联网平台（643）中类外，互联网和相关服务（64）大类的所有小类对应，专业技术服务（74133*）与遥感测绘服务（7441）和其他测绘地理信息服务（7449）部分对应，科技推广和应用服务（75134*）与三维（3D）打印技术推广服务（7517）部分对应，新闻和出版（86143*）与新闻业（8610*）部分对应。其中，互联网和相关服务整体与数字经济核心产业完全对应，另一部分对应于数字要素驱动业，投入产出表中，其总增加值为 78 100 万元，按照 9:1 的比例，该部门分属于数字技术应用业的增加值为：78 100×90%＝70 290 万元。经测算，其他数字技术应用业各部分对应部门的增加值，如表 3-8 所示。由于新闻和出版部分对应于数字要素驱动业，因此分配 90% 的数字经济增加值于数字技术应用业，其余分配给数字要素驱动业。即 16 084.29×90%＝14 475.86 万元。由此计算数字技术应用业部分对应部门的增加值为：70 290＋95 328.48＋4 184.06＋14 475.86＝184 278.40 万元。

表 3-8　数字技术应用业数字经济部分对应部门的增加值测算表

数字技术应用业部分对应部门	编码	数字经济部门投入/万元	数字经济部门贡献率	数字经济总产出/万元	数字经济增加值/万元
专业技术服务	74133	141 223.64	0.25	236 552.12	95 328.48
科技推广和应用服务	75134	2 092.03	0.05	6 276.09	4 184.06
新闻和出版	86143	21 915.86	0.27	38 000.15	16 084.29

（3）数字技术应用业增加值

数字技术应用业增加值是投入产出表数字经济完全对应部门的增加值与部分对应部门增加值之和，即 1 218 100＋184 278.40＝1 402 378.4 万元。

4. 数字要素驱动业增加值测算

数字要素驱动业包含互联网平台、互联网批发零售、互联网金融、数字内容与媒体、信息基础设施建设、数据资源与产权交易和其他数字要素驱动业。其中投入产出表中，广播、电视、电影和影视录音制作（87144）完全对应于数字要素驱动业的广播、电视、电影和录音制作业（87）大类的所有小类（见表 3-9），其增加值为 52 800 万元，全部计入数字要素驱动业；批发（51105*）和零售（52106*）的数字经济增加值，按 10%计入数字要素驱动业，即为：20 957.31×10%＋44 751.94×10%＝6 570.925 万元；新闻和出版（86143*）与批发和零售相似，将其数字经济增加值的 10%计入数字要素驱动业，为 16 084.29×10%＝1 608.43 万元；还有互联网和相关服务（64123*），也将 10%的增加值计入数字要素驱动业，即为：78 100×10%＝7 810 万元；剩余其他部分对应部门的数字驱动业增加值计算如表 3-10 所示，其数字经济增加值总额为 435 083.44 万元。

表 3-9　数字要素驱动业（04）对应的国民经济行业小类和投入产出表（142）部门

对应国民经济行业小类	对应的投入产出表部门
房屋建筑业（47）大类的其他房屋建筑业（4790*）	建筑装饰、装修和其他建筑服务（50104*）
土木工程建筑业（48）大类的架线及设备工程建筑（4851*）	土木工程建筑（48102*）
建筑安装业（49）大类的电气安装（4910*）、其他建筑安装（4999*）	建筑安装（49103*）
批发业（51）大类的互联网批发（5193）	批发（51105*）
零售业（52）大类的互联网零售（5292）	零售（52106*）
互联网和相关服务（64）大类互联网平台（643）中类所有小类	互联网和相关服务（64123*）
货币金融服务（66）大类的网络借贷服务（6637）；其他金融业（69）大类的非金融机构支付服务（6930）、金融信息服务（6940）	货币金融和其他金融服务（66126*）
商务服务业（72）大类的资源与产权交易服务（7213*）、供应链管理服务（7224）、互联网广告服务（7251）、安全系统监控服务（7272）	商务服务（72131*）
研究和试验发展（73）大类的工程和技术研究和试验发展（7320*）	研究和试验发展（73132*）
新闻和出版业（86）大类的音像制品出版（8624）、电子出版物出版（8625）、数字出版（8626）	新闻和出版（86143*）
广播、电视、电影和录音制作业（87）大类的所有小类	广播、电视、电影和影视录音制作（87144）

注明：此表中"*"表示不完全对应。

表 3-10　数字要素驱动业数字经济部分对应部门的增加值测算表

数字要素驱动业部分对应部门	编码	数字经济部门投入/万元	数字经济部门贡献率	数字经济总产出/万元	数字经济增加值/万元
土木工程建筑	48102	118 208.07	0.03	150 600.16	32 392.09
建筑安装	49103	82 331.63	0.10	103 012.14	20 680.51
建筑装饰、装修和其他建筑服务	50104	35 785.66	0.03	47 214.96	11 429.30
货币金融和其他金融服务	66126	234 360.37	0.13	589 003.53	354 643.16
商务服务	72131	48 909.85	0.03	62 280.91	13 371.06
研究和试验发展	73132	3 011.11	0.04	5 578.43	2 567.32

最终，数字要素驱动业的增加值规模为：52 800＋6 570.925＋1 608.43＋7 810＋435 083.44＝503 872.80 万元。

5. 数字经济核心产业增加值规模

海南省在 2017 年的数字经济核心产业增加值达到 2 058 551.49 万元，占当年 GDP 总值的 4.61%。这一数据涵盖了数字产品制造业、数字产品服务业、数字技术应用业，以及数字要素驱动业四个关键领域的表现。

（三）测算结果合理性分析

数字经济核心产业属于"窄"口径的数字经济范畴。本书回顾了近年来其他研究者使用相同口径进行的测算数据。由于测算范围的差异，省级与国家之间的数据绝对值并不具有可比性。然而，数字经济核心产业在 GDP 中的占比可以反映其发展程度和状态，并可用于不同区域范围之间的对比分析。特别是，虽然海南省在数字经济核心产业的 GDP 占比相对较低，但通过详细的比较和分析，这一数据可以得到合理的解释和理解。

1. 测算结果对比分析

数字技术的快速发展导致了数字经济各年份间的显著差异。因此，本书特别收集并整理了 2017 年的相关研究数据，以便进行比较和分析（见表 3-11）。

表 3-11　数字经济核心产业增加值测算值对比

研究主体	范围	测度指标名称	占 GDP 比重	分类依据	测算方法
李海霞和周国富	全国	数字经济核心产业增加值	6.98%	《统计分类（2021）》	生产法
鲜祖德和王天琪	全国	数字经济核心产业增加值	7.07%		生产法
张恪渝和武晓婷	全国	数字经济产业增加值（窄）	13.80%		数字经济卫星账户
李洁和张天顶	全国	数字经济增加值（窄）	6.29%		投入产出模型

续表

研究主体	范围	测度指标名称	占GDP比重	分类依据	测算方法
黄浩和姚人方	全国	创新型数字产业增加值	6.00%	创新型数字产业和效率型数字产业	国民账户（生产法）
菜跃洲和牛新星	全国	数字产业化增加值	7.7%	数字产业化和产业数字化	国民经济核算法
许宪春和张美慧	全国	数字经济增加值（窄）	6.46%	数字化赋权基础设施、数字化媒体、数字化交易、数字经济交易产品	生产法
苏屹、支鹏飞和郭秀芳	全国海南省	数字经济增加值（窄）	6.62%*4.59%*		生产法
韩兆安、赵景峰和吴海珍	全国海南省	数字经济增加值（窄）	6.41%3.36%	数字经济生产、数字经济流通、数字经济交换和数字经济消费	生产法
浙江省统计局	浙江省	数字技术生产部门增加值	9.48%	数字技术生产和数字技术应用	生产法
彭刚和赵乐新	全国	信息通信技术行业增加值	5.16%	数字经济基础层和融合应用层	生产法
国家统计局	全国	7大行业	7.80%	7大类	生产法
本书	海南省	数字经济核心产业增加值	4.58%	《统计分类（2021）》	生产法结合投入产出分析

注明：

1. 本表主要摘取了近些年各研究"窄"口径数字经济的测算结果，主要对应数字经济核心产业；

2. 苏屹等的研究，测算了2007—2020年数字经济名义价格国家和中国31个省份增加值，本书只收集到了2020年的数据。其余研究，只摘出2017年的测算结果；

3. 浙江省数字经济核心产业增加值，采自朱发仓、乐冠岚和李倩倩的研究，该研究中将数字经济分为数字技术生产和数字技术应用两个部门，其中数字技术生产部门是数字经济的核心产业；

4. 国家统计局数字经济核心产业包括："计算机、通信和其他电子设备制造业"全部小类；机电器材制造（含"电气机械和器材制造业"部分小类等）；电子设备制造（含"仪器仪表制造业"部分小类等）；"电信、广播电视和卫星传输服务业"全部小类；互联网服务（含"互联网和相关服务业"全部小类等）；"软件和信息技术服务业"全部小类；文化数字内容服务（含"广播、电视、电影和录音制作业"全部小类等）。

在《统计分类（2021）》没有发布之前，研究者们采用了多样的数字经济分类方法，测度了"窄"口径的数字经济规模。如许宪春和张美慧将数字经济分为四个维度：数字化赋权基础设施、数字化媒体、数字化交易和数字经济交易产品，其结果显示数字经济占GDP的比重为6.46%。基于数字技术的渗透性、替代性、协同性特征，将数字经济划分为"数字产业化"和"产业数字化"两部分，使用国民经济核算、增长核算和计量分析等工具，测算得出 2017 年中国"数字产业化"规模占 GDP 比重为 7.7%。韩兆安、赵景峰和吴海珍，以及苏屹、支鹏飞和郭秀芳则采用了类似许宪春和张美慧的分类方法，其中苏屹等对数字经济的分类与许宪春等的完全一致，测算的 2020 年全国数字经济的占比为 6.62%，海南省为 4.59%；韩兆安等将数字经济分为数字经济生产、数字经济流通、数字经济交换和数字经济消费四个方面，测算的 2017 年海南省数字经济增加值占 GDP 的比重为 3.36%。朱发仓、乐冠岚和李倩倩将数字经济分为数字技术生产和数字技术应用两个部门，并发布了 2017 年浙江省数字经济核心产业的 GDP 占比为 9.48%。国家统计局的数据显示，2017 年计算机、通信和其他电子设备制造业等七个行业的 GDP 占比为 7.8%。彭刚和赵乐新进一步将数字经济划分为基础层和融合应用层，测算出该年中国信息通信技术行业和非信息通信技术行业的数字经济增加值分别占 GDP 的 5.16%。《统计分类（2021）》发不后，大多数研究者以此为基准，采用生产法对 2017 年中国数字经济核心产业的 GDP 占比进行国家层面的研究，测算比例范围从 6.29% 到 13.8% 不等。具体来看，李海霞和周国富报告的占比为 6.98%，鲜祖德和王天琪的研究则稍高，为 7.07%。此外，张恪渝和武晓婷采用不同的方法，基于全国投入产出表构建数字经济卫星账户，得出较高的 13.8%。李洁和张天顶则利用投入产出模型，报告了一个相对较低的比例，为 6.29%。也研究者大体遵循了《统计分类（2021）》，从其他角度对数字经济规模进行度量，比如黄浩和姚人方将数字经济部门划分为创新型和效率型数字产业，得出 2017 年创新型数字产业增加值占 GDP 的比重为 6%，其研究的创新型的数字产业，基本对应于数字经济核心产业。这些研究不仅展示了数字经济核心产业的多样性和复杂性，还反映了不同研究方法、区域特征及产业发展策略的影响。对比本书与苏屹等、韩兆安等对海南省数字经济核心产业规模测度值，差别并不显著，一定程度上反映本研究的测度方法具有一定的合理性，测度结果相对可信。

另外，本书与李海霞和周国富、张恪渝和武晓婷，以及鲜祖德和王天琪的研究都聚焦于数字经济核心产业的内部结构，各自的结果显示了由于研究方法、区域特征及产业发展策略的不同而导致的显著差异。在本书中，海南省的数字技术应用业占比高达 68.12%，远超其他类别，其中数字产品制造业仅占 4.44%，数字产品服务业占 2.96%，数字要素驱动业占 24.48%。这一发现表明，在海南省，数字技术的应用与推广是主导力量，而传统的制造业和服务业相对较弱。在其他的国家层面的研究中，李海霞和周国富报告数字产品制造业的占比最高，达到 37.19%，数字技术应用业也占较大比重，为 50.01%，但这与本书中海南省的情况有显著不同。张恪渝和武晓婷的结果中，数字要素驱动业占最大比例，为 51.06%，数字技术应用业次之，为 26.98%。而鲜祖德和王天琪的研究呈现了更平衡的产业结构，其中数字产品制造业和数字技术应用业的占比分别为 35.60% 和 39.21%。这四项研究的共同点在于数字产品服务业普遍占比最小，有三项研究占比相对最大的都是数字技术应用业（见表 3-12）。这些差异反映了各地区在数字经济核心产业内部结构上的不同侧重点，以及不同研究方法和策略的影响。

表 3-12　数字经济核心产业四大类增加值内部结构测算结果（2017 年）单位：%

研究主体	研究区域	数字产品制造业	数字产品服务业	数字技术应用业	数字要素驱动业
本书	海南	4.44	2.96	68.12	24.48
李海霞和周国富	全国	37.19	3.78	50.01	9.01
鲜祖德和王天琪	全国	35.60	5.09	39.21	20.10
张恪渝和武晓婷	全国	18.00	3.97	26.98	51.06

　　2. 测算结果合理性分析

　　本书细致地测量了海南省 2017 年的数字经济核心产业规模，采用的方法与其他研究存在差异，这些差异涵盖了测度范围、统计分类、研究方法、数据来源和处理等方面。尽管这些差异导致了与国家层面或其他地区研究在数字经济核心产业增加值的占比及构成上的不同，本书的结果仍具有合理性。下面将详细探讨这些差异的根源及其对测算结果合理性的影响，并验证本书在聚焦省级数据及采用《统计分类（2021）》框架的实际应用。

（1）数字经济研究的多样性。本书主要关注海南省 2017 年数字经济核心产业的测度，与基于国家层面的多数研究不同。研究方法和分类标准的差异是理解数字经济核心产业占比差异的关键因素之一。研究差异主要包括两个方面。一是数据来源和处理差异。不同的研究可能基于官方统计、行业报告或专项调查等不同数据来源，其覆盖范围、收集方法及更新频率各不相同，导致对数字经济各产业类别增加值的基本估算存在基础差异。此外，数据处理和分析的技术手段、缺失数据的处理方式，以及时序数据的调整方法等统计方法的选择也会影响结果。二是分类标准的差异。数字经济的界定及其核心产业的分类在不同研究中可能存在差异，主要是因为数字经济本身是一个跨领域、快速发展的新兴经济形态，涉及的技术和业务模式不断演进。例如，对于数字技术应用业和数字产品服务业的界定，不同研究可能依据其对产业功能、产值贡献或技术属性的理解有所区分，导致某些边界模糊的业务领域在不同研究中被归类到不同的产业类别。本书的数据主要来源于海南省 2017 年的投入产出表，使得测算在理论假设和数据处理等细节方面与其他研究不同。同时也说明，在数字经济研究中，适当的方法选择和数据源考量对于得出准确和有意义的结论至关重要。

（2）区域经济特性和产业发展阶段的不同。区域经济特性和产业发展阶段的不同对数字经济核心产业的构成和占比产生了显著影响。以海南省为例，其经济结构和发展重点与全国其他地区相比呈现出独特的特点。海南省，作为中国著名的旅游目的地，其经济活动在很大程度上依赖于服务业，尤其是旅游业、酒店业和零售业等领域。这种对服务业的重视，促使了数字技术在这些领域的广泛应用和快速发展，例如，通过数字化平台来提高旅游服务的可接入性和客户体验，以及利用大数据和云计算来优化资源分配和提高经营效率。相较之下，海南省的制造业相对较弱，这在一定程度上限制了数字产品制造业在该省经济中的比重。不同于以重工业和高新技术产业为主导的地区，海南省在电子信息、机械设备等传统制造业方面的基础薄弱，导致了数字产品制造业和相关的研发活动较为有限。因此，即使在数字经济的背景下，海南省的核心产业占比也反映出了服务业和旅游业对其经济的重大贡献，以及制造业相对落后的现状。这种区别不仅源自于地理位置和自然资源的分布，也是政策导向和历史发展路径的结果。海南自全面深化改革开放以来，一直致力于打造国际旅游岛，推动服务业尤其是旅游业的快速发展。而这种发展重点的选择，进一步加强了数字技术在服务业中应用的深度和广度，同时也决定了海南省在数字经济领域内核心产业构成的特点。这一现象在比较分析不同地区数字经济核心产业发展时，提供了一个重要视角，即地区经济特性和产业发展阶段对数字经济形态和重点领域的影响，进而也为针对性地制定地区数字经济发展战略提供了依据。

（3）产业互动和融合程度。在数字经济中，产业之间的界限越来越模糊，互动和融合成为了常态。这种现象主要是由于数字技术的普及和应用，使得传统产业能够通过技术手段进行优化和升级，同时也催生了新的业务模式和产业形态。例如，数字技术的应用使得制造业能够实现智能化生产，服务业通过线上平台提供更加多元和便捷的服务，而这两者之间又通过数据共享、平台服务等形式紧密连接，共同构成了复杂的数字经济生态系统。这种产业之间的高度互动与融合，使得对数字经济核心产业的分类和占比计算变得复杂。不同研究在界定产业类别和归属时，可能依据各自的研究框架和目的，采取不同的理解和方法。例如，一项研究可能将以数字技术为基础提供服务的平台企业归类为数字产品服务业，而另一项研究则可能因其服务内容的多样性，将其视为跨领域的数字化应用实例。同样，一些传统制造业企业在融入数字化生产线和实施智能化管理后，是否仍旧归属于传统的制造业类别，或应被视为数字产品制造业的一部分，也存在不同的看法。此外，随着数字经济的发展，新兴的业务模式如共享经济、平台经济等，进一步加深了产业之间的融合，使得产业分类更加困难。这些新模式往往跨越多个传统产业，涉及数字产品的开发、在线服务的提供，以及数字技术的应用等多个方面，其对经济增加值的贡献也难以简单归属于某一单一产业。因此，产业互动和融合程度的不同理解和划分，直接影响到数字经济核心产业占比的测算结果。这不仅反映了数字经济本质上的复杂性，也提示了在进行相关研究和政策制定时，需要对数字经济的产业结构和发展趋势有更深入的认识和适应。

由此看来，本书虽与其他研究存在差异，但结果依然有其合理性。本书提供了一个根据《统计分类（2021）》的，专注于省级层面的数字经济核心产业的细致视角，并在数据处理及运用上操作较为方便，也合乎情理。通过与不同研究的比较，不仅能够识别海南省在数字经济发展中的短板，还能够准确评估其增长潜力和政策导向。尽管海南省的数字经济核心产业增加值在全国范围内占比不高，但这也凸显了其巨大的发展空间和优化方向，为未来的政策制定和产业调整提供了宝贵的参考。

三、数字经济融合产业数字化规模测度与分析

（一）统计范围与测算思路

1. 统计范围

数字经济融合产业根据《统计分类（2021）》归属于数字化效率提升业，

这一领域强调利用数字技术和数据资源来增强传统产业的产出和效率，代表着数字技术与实体经济的紧密结合。此类产业涉及广泛的数字化应用，包括智慧农业、智能制造、智能交通、智慧物流、数字金融、数字商贸、数字社会和数字政府等领域。按照《国民经济行业分类》，数字经济融合产业覆盖 91 个大类、431 个中类和 1 256 个小类，显示出数字技术对国民经济所有领域的深入影响和综合融合的趋势。

2. 基本思路

数字技术的普及和应用使得传统产业的效率和产出都得到了显著提升。在数字经济融合产业中，数字技术与数据资源的结合不仅加强了传统产业的生产力，而且还促进了经济的数字化转型。因此，在核算中，基本思想是识别并计算传统产业产出中由数字技术带来的额外贡献。具体来说，要求从整体产出中分离出数字技术的贡献部分，以此测算融合产业数字化规模。这一过程中的挑战在于数字技术的影响通常是融入在传统产出流程中的，这使得单独度量数字技术的贡献变得较为复杂。因此，有效地从总产出中提取数字技术的贡献，是实现准确核算的关键。本书考虑直接基于投入产出表来测算数字经济融合产业数字化增加值规模。基于投入产出表的测算基本思路是可分为三个主要方面。

（1）基于《统计分类（2021）》对于 05 大类的行业分类，结合海南省投入产出表 142 部门实际行业分类，以及《国民经济行业分类》，将海南省投入产出表进行合并简化处理，将数字经济核心产业完全对应的部门合并，作为一个单独的"数字产品部门"，剩余部门按农业、制造业、交通、物流、金融、商贸、社会、政府和其他部门分类，形成 9 个"非数字产品部门"，得到 10×10 简化投入产出表。这样分类是方便与《统计分类（2021）》对于 05 大类行业类型相对应，并从中提取智慧农业、智能制造、智能交通、智慧物流、数字金融、数字商贸、数字社会、数字政府和其他数字化部门的份额，通过测算按行业分类的融合产业数字化规模，最终得出数字经济融合产业增加值总规模。

（2）计算获得 10 部门的总产出、中间投入、增加值、中间使用、最终使用、净调出等数据，利用投入产出表数据和列项平衡式，得到各融合产业的分配系数和数字效率比例。

（3）测算数字经济融合产业的数字化规模。具体方法是将各非数字产品部门的增加值与相应的数字效率比例相乘，以此计算出各部门的数字化增加值规模，即智慧农业、智能制造、智能交通、智慧物流、数字金融、数字商贸、数字社会、数字政府及其他数字化部门的增加值，然后加总得出数字经济融合产业数字化规模。

（二）实际测算过程与测算结果

1. 简化投入产出表

将海南省 142 部门投入产出表中与数字经济完全对应的 12 部门合并，作为数字产品部门，其他部门分为 9 个非数字产品部门，构建数字经济投入产出表，基本结构如表 3-13 所示。非数字产品部门的农业部门对应投入产出表中编号为 01001 至 05005 的农林牧渔及其服务产品，共 5 个部门；制造业对应编号 13012 至 43097 的包括生产、生活用的各类制造产品行业，但需要去除其中编号为 23038、38084，以及 39088 至 39093 对应的 8 个类别的数字产品行业，一共 78 个部门；交通业对应编号为 53107 至 57115 的铁路、道路、水路、航空及管道的五类运输业；物流对应其他运输、装卸搬运和仓储（58116）和邮政（60118）两个部门；金融对应货币金融和其他金融服务（66126）、资本市场服务（67127）和保险（68128）三个部门；商贸对应批发、零售、住宿、餐饮、租赁和商业服务业六类，编号分别以 51、52、61、62、71、72 开头；社会对应教育（83140）、卫生（84141）和社会工作（85142）三类；政府对应社会保障（94148）和公共管理和社会组织（91149）两个部门，其他部门对应投入产出表中未与所列部门对应的所有部门，包含采煤、采矿及相关活动，建筑、电力、热力、燃气及水的生产和供应相关活动，建筑业及相关活动，房地产业、科学研究、专业技术及推官应用服务，水利、生态环境、公共设施及土地、居民服务等活动，以及文、体娱等活动，共 26 个部门。具体参见附录 1。需说明的是，表 3-13 中将进口和国内省外流入合并到最终使用列项，最终使用列项不再区分消费、投资和净出口，与原投入产出表稍有不同，但不影响对融合产业数字化增加值规模的测算。

表 3-13　数字经济投入产出 10×10 简化表

投入＼产出		中间使用											最终使用	总产出
		数字产品部门	非数字产品部门									中间使用合计		
			农业	制造	交通	物流	金融	商贸	社会	政府	其他			
中间投入	数字产品部门													
	非数字产品部门 农业													
	制造													
	交通													
	物流													
	金融													
	商贸													
	社会													
	政府													
	其他													
中间投入合计														
增加值														
总投入														

2. 确定数字效率比例。

（1）计算原理。根据投入产出分析理论，投入产出表有行向平衡式：

$$X = Z + Y = AX + Y$$

其中，X 为总产出矩阵，Z 为中间投入矩阵，Y 是最终使用向量，A 为直接消耗系数矩阵，且 A 中的每个元素可表示为：$a_{ij} = \dfrac{z_{ij}}{x_j}$，元素 a_{ij} 为直接消耗系数，表示为了生产 j 部门的单位产品，由部门 i 提供的投入量占部门 j 总产出的比例，z_{ij} 是部门 i 对部门 j 的投入量，是中间投入矩阵的元素，x_j 是部门 j 的总产出。总产出等于总投入，由此投入产出的列向平衡式可表示为：

$$X = Z + V = SX + V \tag{3-1}$$

X 为总投入矩阵，V 是增加值向量，实际计算中，各部门的总产出是中间投入与最终使用是横向相加，而总投入是中间投入与增加值列向相加。S 为分配系数矩阵，且 S 中的每个元素可表示为：$s_{ij} = \dfrac{z_{ij}}{x_i}$，$s_{ij}$ 为产出分配系数，描述了部门 i 的总产出中有多少比例用作部门 j 的投入。假设经济体有两个部门：农业和制造业，如果农业部门的总产出为 100 亿元，其中 15 亿元用于供应制造业，那么农业对制造业的分配系数为 0.15。这表示农业部门产出的 15% 被用作制造业的投入。式（3-1）表明部门 i 的总产出部分被用作自身的增加值，这是直接效应，另外部分作为其他部门的中间投入，这部分会产生间接影响。

将公式一变形可得：式（3-2）

其中 $(I-S)^{-1}$ 在投入产出理论中与列昂惕夫逆矩阵意义相同，表示部门之间的联系，包括直接联系也包括间接联系。数字效率提升业实际上是探究数字技术对于传统产业的间接影响。分解 $(I-S)^{-1}$ 为：

$$(I-S)^{-1} = I + S + S^2 + \cdots + S^n + \cdots \tag{3-3}$$

由于 $|s_{ij}| < 1$，将式（3-3）代入式（3-2），有：

$$X = V + \frac{S}{1-S}V \tag{3-4}$$

式（3-4）与式（3-1）相比，$V + SX = V + \dfrac{S}{1-S}V \rightarrow Z = SX = \dfrac{S}{1-S}V$，表明中间投入对部门增加值的影响程度为 $\dfrac{S}{1-S}$，主要衡量间接影响，以此作为效

率比例，用 ρ 表示。本研究将主要确定数字产品部门对非数字产品部门的数字效率比例。

（2）实际计算。整理数字经济投入产出表。按照建立的数字经济投入产出简表模式，合并海南省 2017 年投入产出表数据，得到简表中各部门中间流量矩阵、最终使用、增加值，以及总产出和总投入向量，如附录 2。基于数字经济投入产出表数据，计算分配系数矩阵见表 3-14。

表 3-14　数字经济投入产出表分配系数矩阵

部门		数字产品部门	非数字产品部门								
			农业	制造业	交通	物流	金融	商贸	社会	政府	其他
数字产品部门		0.332 2	0.002 6	0.031 9	0.013 9	0.001 9	0.076 2	0.029 9	0.009 9	0.065 4	0.165 7
非数字产品部门	农业	0.000 4	0.063 8	0.058 8	0.000 0	0.000 0	0.000 1	0.025 5	0.000 2	0.000 0	0.002 9
	制造业	0.017 7	0.152 6	0.492 7	0.107 2	0.005 0	0.008 6	0.055 8	0.023 3	0.018 5	0.608 1
	交通	0.004 7	0.050 1	0.092 2	0.148 0	0.042 9	0.004 8	0.039 3	0.007 1	0.012 5	0.067 6
	物流	0.006 1	0.138 3	0.104 7	0.999 5	0.040 4	0.041 5	0.142 5	0.046 2	0.007 5	0.046 5
	金融	0.014 6	0.018 3	0.064 7	0.133 3	0.004 8	0.051 3	0.255 0	0.012 6	0.018 0	0.236 3
	商贸	0.023 3	0.021 6	0.122 8	0.091 2	0.005 3	0.050 7	0.151 1	0.016 2	0.034 1	0.249 9
	社会	0.001 3	0.002 6	0.001 1	0.001 6	0.000 1	0.014 0	0.004 4	0.047 3	0.007 2	0.003 4
	政府	0	0.001 0	0.000 2	0.000 0	0.000 4	0.000 8	0.000 8	0.001 6	0.098 0	0.001 0
	其他	其他	0.005 5	0.037 8	0.007 3	0.001 4	0.016 7	0.037 4	0.015 9	0.006 9	0.162 8

最率比例公式，计算数字产品部门对其他非数字产品部门的数字效率比例，结果见表 3-15。

表 3-15　数字经济融合产业数字化规模测算表

	效率提升业部门	非数字产品部门增加值	数字化效率比例 ρ	数字化增加值（数字效率提升业）/万元
农业	农业	9 932 500	0.002 6	25 891.818 7
制造业	智能制造	3 965 989.84	0.033 0	13 0683.892 1
交通	智能交通	2 260 200	0.014 1	31 859.628 8
物流	智慧物流	229 200	0.001 9	436.309 0
金融	金融	3 089 400	0.082 5	254 830.352 9

续表

	效率提升业部门	非数字产品部门增加值	数字化效率比例 ρ	数字化增加值（数字效率提升业）/万元
商贸	数字商贸	7 735 900	0.030 8	238 432.543 0
社会	数字社会	2 230 300	0.010 0	22 300.747 4
政府	数府	1 486 299.93	0.070 0	104 006.008 4
其他	其他数字化部门	12 257 301	0.198 6	2 434 417.806 2
	合计			3 242 859.106

（3）计算经合产业数字化增加值。用各非数字产品部门的增加值与数字效率比例相乘即得各非数字产品部门的数字化增加值，对应数字效率提升业的智慧农业、智能制造、智能交通、智慧物流、数字金融、数字商贸、数字社会、数字政府和其他数字化部门。计算结果如表 3-15 所示，可得出 2017 年海南省数字经济融合产业数字化规模占 GDP 比重为 7.27%。

（三）测算结果分析

1. 算结果说明

针对上述的测算过程和结果，需要特别说明两点。关于部门合并并重组为数字产品部门的处理，需要特别注意的是，不应简单地将所有涉及数字经济的部门归类为数字经济部门，这样会导致测算结果的严重高估。由于数据可用性限制和投入产出表的行业分类问题，只能尽可能识别并计算数字经济的核心部门，而不能进行更细致的分类。本书参照《统计分类（2021）》，在海南省的投入产出表中找到了 12 个完全对应于数字经济产业分类的部门，并将其定义为数字产品部门，以此评估数字产品部门对非数字产品部门的影响规模，并尽量全面地计算数字经济融合产业的数字化规模。由于投入产出表的分类并未完全区分数字经济的核心产业与数字经济融合产业，所涉及的规模并非全部属于数字经济融合产业。例如，投入产出表中的批发业包括了属于数字产品服务业的计算机、软件及辅助设备批发、通信设备批发和广播影视设备批发，以及主要通过互联网电子商务平台进行的商品批发，这些属于数字经济核心产业。而只有那些在商品流通环节中适度运用数字化技术的批发活动，才算作数字效率提升产业，即数字经济融合产业中的商贸部门。同样，制造业、商贸、金融等其他几类行业中的融合产业也存在类似情况。考虑到数据的限制和可能遗漏部分数字融合产业的规模，本书暂不对这些可能的重复测算进行调整处理。

表 3-16　数字经济核心产业和融合产业重叠的部门

数字经济核心产业	已部分计入数字经济核心产业的部门		对应数字经济融合产业大类
	投入产出表部门名称	编码	
数字产品制造业	文教、体育和娱乐用品	24040*	制造业
	基础化学原料	26043*	
	日用化学产品	26049*	
	其他通用设备	34072*	制造业
	其他专用设备	35076*	
	其他电气机械和器材	38087*	
	仪器仪表	40094*	
数字产品服务业	批发	51105*	商贸
	零售	52106*	
	租赁	71130*	
	金属制品、机械和设备修理服务	43097*	制造业
数字技术应用业	专业技术服务	74133*	其他
	科技推广和应用服务	75134*	
	新闻和出版	86143*	
数字要素驱动业	土木工程建筑	48102*	其他
	建筑安装	49103*	
	建筑装饰、装修和其他建筑服务	50104*	
	批发	51105*	商贸
	零售	52106*	

数字经济核心产业	已部分计入数字经济核心产业的部门		对应数字经济融合产业大类
	投入产出表部门名称	编码	
数字要素驱动业	货币金融和其他金融服务	66126*	金融
	商务服务	72131*	商贸
	研究和试验发展	73132*	其他
	新闻和出版	86143*	

2. 数字经济增加值总量分析

海南省 2017 年数字经济的增加值总量为 5 301 410.596 万元，占当年全省 GDP 的 11.88%。这一总量是数字经济核心产业和数字经济融合产业数字化规模的总和。从部门分析来看，金融和政府部门的数字化程度最高，其次是制造业和商贸，再次是交通和社会服务，而物流和农业的数字化程度则相对较低。在数字化增加值的贡献上，金融、商贸、制造业和政府部门的贡献显著，而物流业在数字化总增加值中的占比最小，不足 0.02%。

3. 与其他相似研究的对比分析

在数字经济增加值的研究中，核心产业的测量相对较多，而融合产业和采用"宽"口径的研究（即同时包含数字经济核心产业和融合业）较少，这些研究之间的测算方法差异较大，导致可比性不高。为了进行有意义的比较，本书选择了一些具有较大影响力的研究，并比较这些研究中主要关于 2017 年数字经济融合产业增加值和总增加值在 GDP 中的占比与本书的结果。

与本书数字经济融合产业数字化增加值相似指标的研究及测算结果，见表 3-17 所示。Wu 和 Yu 测算的 2018 年全国效率型数字经济占 GDP 的比重，包含信息通信技术资本深化和全要素生产率（TFP）中的信息通信技术贡献两部分，其中，信息通信技术资本深化占比为 2.99%，TFP 中的信息通信技术贡献占比为 7.59%，共 10.58%。

表 3-17　数字经济融合产业数字化增加值相似研究占 GDP 比值对比

研究主体	指标名称	占 GDP 比重	研究区域
Wu 和 Yu	效率型数字经济增加值	10.58%（2018）	全国
蔡跃洲和牛新星	产业数字化规模	8.96%	全国
Vu	数字效率提升产业的增加值	5.23%	全国
彭刚和赵乐新	非信息通信技术行业数字经济增加值	7.21%	全国
朱发仓、乐冠岚和李倩倩	数字技术应用增加值	30.68%	浙江省
本书	数字经济融合产业数字化增加值	7.27%	海南省

　　蔡跃洲和牛新星的研究重点关注两个部分：数字产业化（核心数字部门）和产业数字化（传统部门整合数字技术），采用增长核算和计量工具区分信息通信技术与其他经济因素的贡献，特别区分了信息通信技术在不同行业中的替代效应和协同效应，测算得到的产业数字化增加值为 8.96%；Vu 报告了 2017 年中国数字效率提升产业的增加值效率占 GDP 的 5.23%，仅包括信息通信技术资本深化部分；彭刚和赵乐新的研究侧重于衡量数字经济的整体规模，并特别强调非信息通信技术行业在数字经济中的作用，测算的 2017 年中国非信息通信技术行业数字经济增加值在 GDP 中占比为 7.21%；朱发仓等对于数字技术应用部门，考虑将数字技术作为资本投入要素，开发了计算增加值的"两步法"，即先将数字技术视为数字资本，通过增长核算框架估计其对经济增长的贡献率，然后估计此贡献率相应的价值增量，测算得浙江省数字技术应用部门的增加值占比为 30.68%。

　　对比数字经济总体规模的占比情况，见表 3-18。陈梦根和张鑫的研究注重数字技术在产业生产率提升中的作用，利用回归分析和面板数据，评估数字技术对全要素生产率及 GDP 的影响，测得数字经济总体增加值占 GDP 的 14.92%；张红霞从最终产品的角度出发，将数字经济划分为数字部门产品和数字化产品两部分，2017 年的测算结果显示数字经济增加值占 GDP 的比重为 7.83%。更有其他在《统计分类（2021）》发布之前的研究，由于测算范围差异较大，测算方法存在明显不同，与本书的结果差异较大。比如，蔡跃洲和牛新星最终数字产业化和产业数字化规模之和占 GDP 的比重为 16.66%；
社科院数经所发布的报告显示，数字经济增加值规模占 GDP 规模的 16%，
且数字产业化和产业数字化的规模相当；向书坚和吴文君报告称，中国数字
促成产业和广义电子商务产业增加值合计为 161 463.48 亿元，占 GDP 的
19.52%。中国信息通信研究院的数据显示，2017 年中国的数字经济增加值达
到了 4.02 万亿美元，占 GDP 的 32.80%；腾讯研究院基于"宽"口径，测算
得出数字经济规模占 GDP 比重为 32.3%。另外，朱发仓等研究的浙江省数字
经济总值占该省 GDP 总值的 40.15%。

表 3-18　数字经济增加值占 GDP 比值对比

研究主体	占 GDP 比值	研究区域
陈梦根和张鑫	14.92%	全国
张红霞	7.83%	全国
蔡跃洲和牛新星	16.66%	全国
社科院数经所	16%	全国
向书坚和吴文君	19.52%	全国
中国信息通信研究院	32.8%	全国
腾讯研究院	32.30%	全国
朱发仓、乐冠岚和李倩倩	40.15%	浙江省
本书	11.88%	海南省

与已有相似研究相比，本书在评估海南省数字经济的表现上有其独到之
处，同时也存在一些局限。其优点主要体现在四个方面。一是明确分类。本
书遵循《统计分类（2021）》，明确区分了数字经济的核心产业和融合产业，
这种分类有助于更精确地评估数字技术对经济增长的直接及间接贡献，从而
全面理解数字经济的影响力。二是核算方法易于理解。本书利用投入产出
表来测算数字经济对 GDP 的贡献，这是一种广泛认可的经济分析方法。通
过这种方法，研究能够有效反映不同经济活动之间的相互依赖和影响。三是
专注于地方性研究。研究针对海南省，提供了对该地区数字经济具体表现的
深入分析，不仅有助于了解省内数字经济的发展状况，还为当地政府制定或

调整相关政策提供了重要的数据支持。四是结果的公开与透明。研究详细公开了包括各类数字经济增加值的具体数值和在 GDP 中的占比，使得外部评估和验证成为可能，从而增强了研究的可信度和接受度。但同时，也需特别注意研究的不足，主要表现在两个方面。一方面，与其他研究的可比性问题。由于本书采用的测算范围和方法与其他区域或全国范围的研究不同，其结果的可比性相对较低。例如，海南省数字经济融合产业数字化增加值在 GDP 中占比为 7.27%，而浙江省同类指标的占比高达 30.68%。这种巨大的差异可能源于测算方法或经济结构的不同，使得跨区域的数据比较变得复杂且可能产生误解。另一方面，研究方法的局限性。尽管本书采用了较为详尽的测算技术和方法，但在全球数字经济迅猛发展的背景下，这些方法需要进一步的调整和更新，以确保它们的时效性和准确性。随着数字技术的不断进步和经济活动的日新月异，现有的测算框架还无法完全捕捉到最新的经济动态和技术发展趋势。

综上所述，虽然本书为理解和评估海南省在数字经济领域的表现提供了有价值的数据和见解，却也凸显了对比研究和方法更新的必要性。未来的研究应更多地考虑与其他地区研究的对比和数据的通用性，以及方法论的适时更新，以增强研究结果的普遍性和适用性。这将有助于更全面地评估数字经济对地方和全国经济的贡献，为政策制定提供更坚实的数据支持。

第三节　数字经济测度未来发展方向

随着全球经济数字化的加速，数字经济的规模和影响日益扩大，成为推动国家和全球经济增长的重要力量。因此，精确测度数字经济的规模、贡献及其发展趋势，对于政策制定者、企业决策者及研究机构来说，都具有重要意义。本节将探讨未来数字经济测度的五个主要发展方向，包括明确测度范围与边界、更新完善统计方法、强化基础数据收集、促进核算国际标准化和探索超越 GDP 的新测度方法，旨在提供更全面、更科学的测度框架和工具，以适应数字经济快速发展的需求。

一、明确数字经济测度的范围与边界

在全球范围内，数字经济的定义及其测度范围尚未达到统一的国际标准。各国和地区根据自身的经济发展状况，对数字经济有着各异的解读和评估方法。随着数字技术的快速发展和经济模式的不断演变，迫切需要对数字经济的测度范围及边界进行明确和统一，以反映其在全球经济中的真实地位和作用。这种统一不仅应覆盖信息通信技术产业自身的扩展，也必须深入到信息通信技术对其他行业，如制造业、服务业等的深远影响和广泛渗透。面对这一需求，未来的测度方法必须具备更高的科学性和操作性，能够准确捕捉并全面反映数字经济的实际规模和贡献。同时，这些方法还应能适应数字技术的持续革新和新兴经济模式的涌现，以推动全球数字经济的健康与有序发展。这种方法的完善和推广，将有助于国际社会在数字经济领域达成更广泛的共识，共同推动全球经济的繁荣。

二、更新完善数字经济测度的统计方法

随着数字技术的快速发展和经济模式的持续创新，传统的数字经济测度方法，如生产法和支出法，逐渐显示出其局限性。这些方法难以全面捕捉到数字经济的复杂性和动态变化，因而更新和完善更为科学和全面的测度工具和方法变得尤为迫切，以便更准确地反映数字经济的真实影响和价值。在这一过程中，数字经济卫星账户法提供了一种创新的视角和框架，它通过细致地区分数字经济活动与传统经济活动，使数据分析和经济贡献评估更加精

确。此外，运用大数据分析、云计算和人工智能等现代信息技术来改进数据的收集、处理和分析过程，可以显著提高数据处理的效率和测度的精确度。这些技术能够处理大规模数据集、捕捉实时数据，并通过算法模型预测未来趋势，从而为政策制定和经济规划提供坚实的数据支持。因此，将先进技术工具与创新的统计方法相结合，将成为推动未来数字经济测度方法发展的关键路径。这种结合不仅能确保数字经济的健康和持续增长，还能增强其包容性，使更多的人能够从数字化转型中受益。这样的进步将有助于全球经济更好地适应数字时代的挑战和机遇。

三、强化数字经济统计的基础数据收集

数据的质量和可用性是衡量数字经济的关键基础，然而当前许多国家在这一领域仍面临数据基础薄弱的挑战，这严重限制了对数字经济的精确测量和深入理解的能力。为了克服这一难题，强化数据收集工作，扩大数据来源，并提高数据的质量和可靠性变得至关重要。具体来说，应该充分利用现代技术手段，如互联网平台、大数据分析和机器学习技术，以提高数据收集的效率和准确性。运用这些技术，可以实时监测和分析各种数字活动，从而获得更全面和深入的数据视图。同时，开发高级的数据清洗和处理算法也至关重要，这些算法有助于从庞大的数据集中提取有价值的信息，同时排除噪声和错误数据。此外，国家和国际组织应加强合作，建立统一的数据收集和分享标准，以确保数据的一致性和可比性。这样的合作不仅有助于国内政策的制定，还能促进全球数字经济的协调发展。因此，强化数字经济统计的基础数据收集不仅是提高数字经济测度质量的必要步骤，也是支持数字经济政策制定和研究的基石，是推动全球数字经济向前发展的重要保障。

四、促进数字经济核算国际标准化

由于全球范围内各国数字经济的发展水平和速度存在显著差异，当前的数字经济核算结果在国际上难以进行有效比较，这突显了国际合作在推动数字经济核算标准化方面的重要性。为解决这一问题，国际组织如联合国、经济合作与发展组织和国际货币基金组织，应发挥领导作用，协调各国政府、学术界和业界的力量，共同努力开发和认可一套全球通用的数字经济核算框架。这一框架应包括统一的定义、核算方法、数据收集标准和评估指标，以确保各国和地区的核算结果具有高度的可比性。进一步的国际合作还应包括技术交流和经验分享，尤其是向发展中国家提供必要的技术和知识支持，帮助它们建立和完善自己的数字经济核算体系。通过这些措施，不仅可以增强全球数字经济数据的透明度和一致性，还能有效促进全球数字经济的健康发展，同时为全球经济政策制定和国际经济合作提供坚实的数据支持和决策基础。这种全球性的标准化努力将为理解和利用数字经济的潜力提供一个坚实的框架，从而推动全球经济的进一步整合和协调发展。

五、探索超越 GDP 的新测度方法

现有的 GDP 核算体系在衡量数字经济的社会和经济效益方面存在一定局限，主要是因为它未能充分捕捉由数字技术驱动的非市场活动和消费者福利的提升。在数字经济中，免费服务和产品如社交媒体、在线教育资源和开源软件虽不直接产生市场交易，但显著提高了消费者的生活质量和满意度。因此，探索能够更好地衡量这些贡献的新核算方法变得至关重要。这包括开发新的测度框架，例如，增加消费者剩余、生活质量指标和社会福利指数等非市场因素，以提供一个更全面的经济贡献评估。随着大数据和人工智能技术的进步，这些技术可用于分析大量非传统数据，以评估数字经济活动

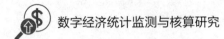

如何影响消费者行为和社会福利。利用这些技术，可以构建一个超越传统GDP 核算体系的新框架，这不仅能更准确地反映数字经济对经济增长和社会进步的真实贡献，还能为政策制定和经济评估提供更为科学和全面的决策支持。这种新的测度方法将能够更好地理解数字经济的多维度影响，并推动经济发展政策更加精准地回应社会需求和技术变革，从而促进经济和社会的协调发展。

第四章 海南省数字经济高质量发展的综合评价

第一节 数字经济高质量发展的评价指标体系研究

一、高质量发展的内涵

高质量发展是一个经济发展模式,其核心是在转型经济增长方式、优化经济结构、并转换增长动力的基础上,全面提高经济的质量、效益和效率。这种模式不仅追求经济增长的速度和规模,更加重视创新、可持续性及社会和环境的和谐发展。高质量发展的五个关键领域。一是提升经济效率与创新能力,这是高质量发展的核心目标,涉及推动科技创新和产业升级,以技术进步和创新能力为经济增长提供新动力和支撑。不仅包括新产品的开发,还包括新工艺和新模式的探索,目的是实现经济活动的高效与低成本。二是环境的可持续性,高质量发展强调在发展过程中保护资源和环境,推动绿色低碳技术的应用和清洁能源的使用,实现生产和消费的环保方式。三是社会公平与福祉的改善,这包括通过政策调整,提高教育、健康和收入分配的公平性，确保所有社会成员能够共享经济增长的成果，从而提高全民的生活质量和幸福感。四是区域协调发展，旨在缩小不同地区之间的发展差距，通过政策支持和资源配置，推动较落后地区的发展，实现全国经济的均衡发展。五是开放型经济的推进，在全球化背景下，高质量发展还强调扩大对外开放，优化国际经济合作和竞争，包括参与国际贸易和吸引外资，推动本国企业国际化以提升国内经济的创新力和竞争力。

中国的"十四五"规划纲要（2021—2025 年）为国家的发展设定了一系列全面的战略目标和政策方向，以高质量发展作为核心主题。该规划纲要明确指出，高质量发展将是未来几年中国经济和社会发展的主要任务，是能够满足人民日益增长的美好生活需要的发展，是体现新发展理念的发展，是创新成为第一动力、协调成为内生特点、绿色成为普遍形态、开放成为必由之路、共享成为根本目的的发展，并为此制定了具体的政策措施。在创新驱动发展方面，规划纲要强调将创新作为发展的首要动力，计划通过深化科技体制改革和完善国家创新体系来提升科技创新能力。同时，规划还包括加大基础研究的投入和支持关键核心技术的突破，以及推动科技成果的应用转化。在产业结构优化与升级方面，规划纲要提倡加速构建以先进制造业和现代服务业为主体的产业体系。此外，规划还旨在推动传统产业的改造升级和战略性新兴产业的发展，并加强数字经济、绿色经济和共享经济的发展，以新的产业形态推动经济增长模式的转变。区域协调发展也是规划的一个重点，通过实施一系列重大区域战略和优化区域经济布局来加强。支持西部大开发、东北振兴、中部崛起和东部率先发展，同时推动京津冀协同发展和长江经济带的发展。绿色低碳发展在规划中占据重要位置，旨在加速建设资源节约型和环境友好型社会。实施国家碳达峰、碳中和行动，推广绿色生产和消费模式，同时加强生态系统的保护和修复，推进污染防治和生态文明建设。开放型经济新体制的建设包括新时期扩大开放，优化外贸结构，并积极参与全球治理体系的改革和建设。规划还鼓励推动"一带一路"建设,深化国际合作,形成全面开放新格局。共享发展的策略目标在于促进教育、就业扩容提质、收入分配的合理化和社会保障的全覆盖,以确保全体人民在共建共享的发展中获得更多的幸福感和安全感。

二、相关研究概述

对数字经济发展的相关研究已较为成熟,公开发表的论文也较多,但基于高质量发展的综合评价研究相对较少。主要包含五个方面的研究。一是理论探讨与政策建议。如张鸿等详细讨论了中国数字经济高质量发展的内涵、现状和对策,并通过实证研究,针对存在的问题,如数字基础设施建设和数字产业资源配置不协调等,提出了一系列政策建议;钞小静等探讨了数字经济通过技术扩散、互联融合和网络倍增机制推动经济高质量发展的过程,并分析了实现高质量发展的具体措施,如加强数字技术研发、促进数字经济与实体经济深度融合等。二是实证分析与指标体系构建。焦勇构建了一个涵盖创新、协调、绿色、开放和共享五个维度的评价体系,使用 Dagum 基尼系数和 Kernel 核密度估计分析了各地区数字经济的发展差异和演变趋势;付争江等建立了涵盖经济发展、创新发展、资源配置、开放合作、协调共享、社会民生等多个方面的指标体系,运用熵值法评价了陕西省 2011 年至 2017 年的数字经济高质量发展水平,并使用灰色关联分析法研究影响因素。三是耦合协调模型与动态分析。甄俊杰等从协同理论视角,探讨了数字创新与经济高质量发展的协同机理,并利用省域面板数据,构建了"数字创新—经济高质量发展"双系统耦合协调模型,结合空间马尔可夫预测模型分析了数字创新与经济高质量发展的协同效应。李素峰等用耦合协调度模型测量科技创新与数字经济高质量发展的协调程度,用 Kernel 核密度估计评估了耦合协调度的动态分布,用马尔可夫链算法预测了耦合协调度的未来演变趋势,用 Dagum 基尼系数分解法分析了耦合协调度差异的来源,最终形成了对中国四大战略区域(长江经济带、黄河流域、京津冀、粤港澳大湾区)之间的时空差异及其成因的研究总结。四是创新规律与生态系统分析。吴玉杰等基于文献综述结果构建了数字经济高质量发展的创新规律框架,包括创新主体的多元化、创新范式的多样化,以及创新生态系统的动态性,探讨了在数字经济背景下,除了传统的企业、高校和科研机构外,政府、新型研发机构和社会组织也作为创新主体参与进来,形成了多元化的创新主体格局;分析了数字经济驱动下新兴的创新范式,如技术导向、市场导向和意义导向的创新范式,每种范式都针对不同的创新目标和动力;描述了由多样化的创新主体和其复杂的相互关系构成的创新生态系统,强调了这些系统的多层级、多主体、多模式的协同作用。五是复杂模型分析和中介效应。李杰等通过空间杜宾模型分析了数字经济的直接效应和空间溢出效应,强调了产业结构升级在推动经济高质量发展中的中介作用,采用中介效应模型探索了数字经济通过产业结构升级影响经济高质量发展的路径。王洁洁等通过解析数字经济与科技创新的协同作用如何促进经济高质量发展,构建耦合协调度模型和空间杜宾模型探讨数字经济与科技创新的协同效应,并使用固定效应模型和中介效应模型来分析其对经济高质量发展的作用机制。

综上所述,从中可以观察到几个重要的研究趋势和学术贡献。研究显示数字经济的高质量发展不仅是一个多维度的问题,涵盖效率、创新、可持续性等方面,同时也是一个多层面的挑战,涉及理论构建、政策制定和实证分析等多个层次。这种多维多层面的探讨反映了数字经济高质量发展的复杂性和多元性,强调了综合策略在推动这一进程中的重要性。从研究方法来看,通过应用从耦合协调模型到固定效应模型等多种统计和分析工具,研究提供了深入的理解和洞见,如协同效应、区域差异和政策效应等，这些工具和模型帮助学者们精确地量化和评估了数字经济的发展动态。此外，研究还揭示了区域间在数字经济发展上的显著差异，以及这些差异背后的结构性原因，如资源配置、技术创新和政策支持等。这一发现促使政策制定者需要考虑地区具体情况来设计差异化策略，以实现区域间的均衡发展。这些研究丰富了对数字经济高质量发展的理论理解，也为政策制定提供了实证支持，显示了科技创新和经济政策在促进经济转型中的核心作用。

三、数字经济高质量发展评价指标体系设计

（一）指标体系的构建维度

本书依据高质量发展的内涵，以及十四五规划纲要的指导，结合实际情况，遵循指标代表性、数据可得性，内容全面性，测度可操作性等原则，拟从发展、创新、协调、绿色、开放和共享六个维度，构建数字经济高质量发展的综合评价指标体系，并将海南省的数字经济高质量发展水平与全国平均水平进行比较，以明确海南省在数字经济领域的竞争优势及存在的不足。通过使用定量和定性分析方法，本书不仅侧重于统计数据的比较，也注重于政策背景、地区特色和发展潜力的综合分析。此外，研究还将探讨海南省数字经济发展中的关键驱动因素，以及这些因素如何影响其经济转型和区域发展战略。本书旨在提供政策建议，帮助海南省优化其数字经济策略，加强与国内外数字经济的互动和合作，从而更好地融入全球经济体系，推动经济的高质量、可持续发展。

1. 发展维度

在讨论数字经济的高质量发展时，发展维度是核心的考量因素。这个维度涉及数字经济的规模和速度两个关键方面，以全面衡量其对现代经济的影

响和进步。规模是衡量数字经济影响力的重要标准之一，主要表现在数字产业化和产业数字化两个方面。数字产业化指的是传统产业通过采纳数字技术和平台转型为新型的数字化业务模式，如传统零售业转型为电子商务。这种转变不仅扩大了企业的市场范围，还提高了运营效率和客户服务质量。产业数字化则指各行各业内部流程的数字化，如使用云计算、大数据分析等技术来优化决策过程、提高生产效率和降低成本。发展速度是衡量数字经济活力的另一个关键指标。它通过观察数字经济各个领域的增长速度来评估其对整体经济发展的贡献。快速的技术创新和应用推广是推动这种增长的主要动力，包括新兴技术的商业化进程、数字技术的普及率，以及数字产品和服务的市场接受度。尽管数字经济已被广泛认为是现代经济发展的重要引擎，但其总量的精确测算仍然处于探索阶段。目前还没有一套广泛接受的方法来全面衡量数字经济的规模。因此，许多研究倾向于使用整体经济增长率来间接反映数字经济的扩展和影响，这包括分析数字技术对生产力提升和经济结构优化的贡献。

数字经济的高质量发展不仅是数字化本身，它还涉及如何通过数字化推动经济结构的优化和增长方式的转型。这包括提高经济的质量、效益和效率，通过创新、绿色发展、协调、开放和共享五个维度与传统高质量发展的关键领域相结合。例如，创新驱动发展策略强调技术革新和知识产权的保护；协调维度关注区域发展的均衡；绿色维度强调可持续发展和环境保护；开放维度推动国际合作与竞争；共享维度提倡资源和成果的公平分配。

2. 创新维度

创新维度不仅是增强经济效率和创新能力的核心目标，更是推动经济转型和持续增长的关键驱动力。在这一维度中，数字经济利用其独特的技术优势，通过不断的科技创新和产业升级，为经济增长注入新的活力和动力。具体而言，经费投入是创新活动的基础。高质量的数字经济发展需要充足的资金支持，以保证科技研发和创新项目的持续进行。这包括但不限于投资新的研究与开发设施，支持科研机构与企业的合作，以及提供风险投资给初创科技企业。技术投入则关注于采纳和开发前沿科技，如人工智能、大数据、云计算，这些技术能够极大地提高产业的自动化和智能化水平，推动传统产业的数字化转型。例如，通过引入先进的数据分析工具，企业能够优化其运营效率，开发个性化的客户服务解决方案，从而提升竞争力和市场响应速度。人力投入也至关重要。数字经济的发展依赖于高技能的人才，包括工程师、数据科学家、UI/UX 设计师等。这要求相关教育和培训机构提供与时俱进的课程，以满足快速发展的市场需求。同时，企业和政府部门需要共同努力，吸引和保留顶尖人才，通过提供有竞争力的薪酬、职业发展机会，以及创新的工作环境。在产出方面，创新维度不仅衡量数量产出，如新产品的数量、新服务的推出，还包括质量方面的考量，比如产品的市场表现、创新项目带来的经济效益及在市场中的接受度。这些指标共同反映了数字经济创新活动的效率和效果，说明了数字经济在推动经济高质量发展方面的实际成效。通过上述各方面的综合推进，创新维度确保了数字经济不仅能够支撑当前的经济发展，也能够为未来的经济变革打下坚实的基础，实现持续的、高质量的增长。

3. 协调维度

这一维度关注于通过合理的产业布局和资源配置，缩小城乡及不同地区之间的发展差距，从而推动全国范围内的经济均衡发展。产业协调主要涉及合理分配产业资源，优化产业结构，确保各地区产业发展的均衡。通过数字技术的应用，可以更有效地分析和预测产业发展趋势，从而制定出有针对性的产业政策。例如，发达地区可以通过数字化推动高端制造业和现代服务业的发展，而资源丰富的地区则可以利用数字工具优化资源开发和管理，增强其产业链的价值。此外，通过促进信息技术等高技术产业的地区均匀分布，也有助于提升地区间的经济联系和技术交流，从而实现产业上的互补和协调。城乡协调则是通过推广数字技术在农村地区的应用，缩小城乡之间的信息与服务差异。这包括但不限于提高农村地区的互联网接入率，发展智慧农业，以及通过电子商务平台促进农产品的直销。这些措施不仅能够提升农村地区的经济水平，也有助于农村居民享受到与城市相仿的教育、医疗等公共服务，实现社会福祉的均衡分配。政策支持和资源配置在实现协调发展中也扮演着关键角色。政府可以通过制定优惠政策，如税收减免、财政补贴等，鼓励企业和资本向较落后地区流动。此外，政府也可以投资于基础设施建设，如交通网络、信息网络等，这些基础设施的改善是促进地区经济发展的重要前提。通过这些策略的实施，协调维度确保了数字经济的高质量发展不仅局限于经济的快速增长，而是在全国范围内实现更加平衡和全面的发展，从而提升整个国家的经济实力和竞争力。这种均衡发展模式不仅有助于缩小地区间的经济差距，也能促进社会的整体和谐与稳定。

4. 绿色维度

绿色维度在数字经济的高质量发展中扮演着关键角色，它涉及在推动经济增长的同时确保环境的可持续性。这不仅意味着节能减排和环保，更包括在整个经济系统中积极推广绿色低碳技术的应用。通过这种方式，数字经济能够在不牺牲环境质量的前提下实现增长，为生产和消费提供环保的方法，这与高质量发展的理念紧密相连。节能减排是绿色维度的重要组成部分。数字经济通过优化能源使用和增强能效，显著减少工业和生产活动中的能源消耗。例如，通过智能化管理系统，能够实时监控能源使用情况，自动调整能源分配和使用效率，减少不必要的浪费。此外，数字化技术还能帮助企业更好地遵守环保法规，通过精确计算和报告排放数据，确保环境标准得到遵守。推动绿色技术的应用也是这一维度的核心。这包括利用信息技术推广可再生能源的使用，如通过智能电网优化太阳能和风能的分配和利用。数字化还能促进新材料和清洁技术的开发，如电动汽车和碳捕捉技术，这些技术可以大幅度降低传统能源的依赖和相关的环境影响。在环保方面，数字经济的高质量发展强调利用数字技术进行环境监控和管理。通过部署传感器和监控系统，可以实时跟踪环境污染和生态变化，及时响应可能的环境风险。同时，大数据和人工智能可以帮助分析和预测环境趋势，优化决策过程，例如，在城市规划和自然资源管理中实现更加精准和高效的控制。此外，促进生态友好的消费模式也是绿色维度的一部分。数字平台可以通过提供环保产品和服务，鼓励消费者采纳更加可持续的消费习惯。例如，电子商务平台可以优先展示生态认证的产品，而共享经济模式则减少了对物理产品的需求，通过分享和重用资源，减少整体的环境足迹。绿色维度通过整合节能减排、绿色技术应用、环保措施，以及推广生态友好的消费模式，确保数字经济的发展不仅符合经济效益，也符合生态和环境的持续发展需求，这是高质量发展不可或缺的一部分。

5. 开放维度

开放维度强调在全球化背景下，如何通过对内外的开放来促进经济的增长和创新。这一维度涉及的开放不仅是市场的开放，更包括技术、资本和信息流通的自由化，从而加速国内经济的国际化进程并增强其在全球市场的竞争力。对外开放主要表现在促进跨国贸易和投资，降低国际贸易和投资的壁垒。数字经济通过推动电子商务、数字服务和技术输出等方式，使本国企业能够更容易地进入国际市场。例如，通过构建国际电商平台，本国企业可以直接与海外消费者交易，从而扩大其市场份额。此外，通过国际合作项目和技术共享，本国企业可以获得最新的技术知识，提升自身的研发能力，这不仅加快了技术创新的速度，也提高了产品和服务的国际竞争力。对内开放则涉及推动国内市场的多元化和自由化，鼓励国内外资本、技术和人才的流入。这可以通过简化行政程序、优化营商环境、提供税收优惠等措施来实现。通过这种方式，不仅可以吸引外国直接投资，还能促进国内企业的技术革新和业务扩展。此外，对内开放还包括推动信息自由流通和知识共享，通过构建开放的数据平台和创新生态，激发国内外创新主体的活力，共同推动科技进步和产业发展。在技术和知识开放方面，数字经济支持开源技术和共享平台的建设，鼓励企业、研究机构和高校之间的协作和知识交流。这种开放的创新环境有助于加速知识的转化和技术的商业化，促进新产品、新服务的快速迭代和优化。开放维度通过促进国内外市场和资源的互联互通，不仅有助于本国企业扩大国际视野和市场范围，还能够通过引入全球的创新资源和管理经验，极大地提升国内经济的创新能力和整体竞争力。这样的开放策略确保了数字经济在全球化的大背景下能够持续发展，同时促进了国内经济结构的优化和升级。

6. 共享维度

共享维度体现了如何通过普及和优化技术、设施和应用的使用，来促进社会公平与福祉的提升。这一维度确保了数字经济的成果能够广泛而公平地惠及社会的各个层面，从而提高全体公民的生活质量和幸福感，包括设施共享、技术共享和应用共享三个方面。设施共享主要关注基础设施的普及和可达性。这包括网络基础设施、交通基础设施、公共服务设施等。特别是在偏远和农村地区，提高这些基础设施的覆盖率和质量，可以显著提升居民的生活标准和接入数字经济的能力。例如，通过扩展宽带和移动互联网覆盖，可以使更多的居民能够接入网络，享受在线教育、远程医疗和电子政务等服务。技术共享则强调在全社会范围内推广先进的数字技术。这不仅限于商业领域的应用，也涵盖教育、医疗、公共安全等领域。通过开放的技术平台，各种创新的数字工具和解决方案可以被广泛应用，提高服务效率和质量，同时降低成本。例如，共享医疗数据平台可以提高医疗服务的效率和精准性，而开源教育资源则能够提供更多质量较高的学习材料给广大学生。应用共享关注的是数字应用的普及和易用性，确保所有社会成员都能够方便地访问并利用这些应用来提高生活质量。这涉及设计用户友好的接口，提供多语言支持，以及确保应用在不同的设备和操作系统上都能高效运行。通过普及智能手机应用、社交媒体平台、在线支付和电子商务，人们可以更便捷地进行社交、购物和支付，大大提升日常生活的便利性。通过设施共享、技术共享和应用共享的三个方面，共享维度确保数字经济的高质量发展能够带来更广泛的社会效益，减少社会不平等，使所有社会成员都能够享受到经济增长和技术进步带来的实际利益。这不仅提升了民众的生活水平，也促进了社会整体的和谐与稳定。

综上，图 4-1 显示了本研究对数字经济高质量发展综合评价指标体系构建维度的考量。

（二）具体测算指标解释及数据来源

为了对海南省数字经济的发展进行全面而科学的评估，并将其与全国的平均水平做出比较，本书依据构建数字经济指标体系的理论基础和原则，参考国内外在数字经济测算领域的现有研究，挑选了 39 个具体指标。这些指标广泛覆盖了数字经济指标体系中的六个关键维度，每个维度都包括了多个方面的具体表现和内容。通过这些细化的指标，能够深入分析和评价海南省在数字经济发展中的表现，识别其在各个关键领域的优势与不足，从而为制定针对性的政策提供依据，推动海南省数字经济的健康和持续发展。如表 4-1 所示。表中基础数据大部分来自于中国经济社会大数据研究平台，其中包含了中国统计年鉴、中国劳动统计年鉴、中国第三产业统计年鉴、中国文化及相关产业统计年鉴、中国人口和就业统计年鉴、中国社会统计年鉴、中国金融年鉴、中国科技统计年鉴、中国青年发展统计年鉴、中国财政年鉴、中国工业统计年鉴、工业企业科技活动统计年鉴、中国经济普查年鉴、中国信息产业年鉴、中国电子信息产业统计年鉴、企业研发活动情况统计年鉴、中国火炬统计年鉴、中国粮食和物资储备年鉴、中国卫生健康统计年鉴、中国海洋经济统计年鉴、海南统计年鉴等多种年鉴数据。直接采集的数据，保留单位与原数据一致，测算的数据，特别是占比指标，不再保留单位。

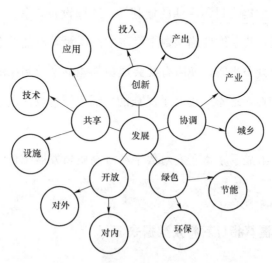

图 4-1　数字经济高质量发展综合评价指标体系构建维度

表 4-1　数字经济高质量发展综合评价指标体系

维度	内容	表现	具体指标	单位	属性
发展	规模	数字产业化	计算机、通信和其他电子设备收入占比	/	+
			软件和信息技术服务收入占比	/	+
			电信业务总量占比	/	+
		产业数字化	快递业务收入占比	/	+
			电子商务活动额占比	/	+
	速度	经济增长率	GDP 增长率	%	+
创新	投入	经费投入	研发经费投入占比	%	+
		技术投入	技术市场交易成交额占比	/	+
			金融科技指数	/	+
		人力投入	研发人员全时当量	人年，万人年	+
			信息传输、软件和信息技术从业人员占比	/	+
	产出	数量产出	研发项目（课题）数	项	+
			专利申请授权数	件	+

续表

维度	内容	表现	具体指标	单位	属性
协调	产业结构	合理化	合理化指数	/	-
		高级化	高级化指数	/	+
		高度化	高度化指数	/	+
	城乡结构	城镇化	城镇化率	%	+
		数字基础设施	城乡宽带接入用户数之比	/	-
			城乡计算机拥有量之比	/	-
绿色	节能减排	能源消耗	能源消费弹性系数	/	-
		废水排放量	单位 GDP 废水排放	吨/亿元	-
		废气排放量	单位 GDP 废气排放	吨/亿元	-
	绿色环保	污染治理	工业污染治理投资占比	/	-
		固体废物利用	固体废物综合利用	万吨	+
		污水处理	城市污水处理率	%	+
开放	对外开放	外商投资比重	外商投资总额占比	/	+
		对外贸易依存	进出口总额占比	/	+
	对内开放	市场化指数	地区市场化指数	/	+
共享	设施共享	互联网接入	互联网接入端口数	万个	+
			互联网宽带接入用户数	万户	+
			移动互联网接入流量	万 GB	+
		移动电话基站	移动电话基站密度	个/平方千米	+
		长途光缆线路	单位面积长途光缆线路长度	千米/平方千米	+
	技术共享	企业数字化	有电子商务活动的企业占比	%	+
		数字普惠金融	数字普惠金融指数	/	+
	应用共享	信息化程度	每百人使用计算机数	台	+
		网络化程度	每百家企业拥有网站数	个	+
		移动电话普及	移动电话普及率	部/百人	+
		数字电视普及	每万人数字电视用户数	户/万人	+

1. 发展维度的指标解释与数据来源

发展规模涵盖了数字产业化和产业数字化两部分内容。其中，规模以上的计算机、通信及其他电子设备制造业企业的营业收入，加上软件业务收入和信息技术服务收入的总和，以及电信业务的总量与当年 GDP 的比值，都是衡量的关键指标。对于缺失的数据，如 2013 年海南省规模以上相关制造业企业的营业收入和 2022 年海南省的软件业务收入，可以通过使用相邻年份的增长率和邻近两年的平均值来估算。产业数字化的衡量则包括快递业务收入和电子商务活动占 GDP 的比例，后者包括企业的电子商务销售额和采购额。由于缺少 2022 年全国及海南的电子商务采购额数据，本书采用相邻年份的增长率进行估算。在反映经济发展速度方面，选用 GDP 固定价格的环比增长率作为指标。

2. 创新维度的指标解释与数据来源

创新维度涉及创新投入和创新产出两个方面。在创新投入方面，经费的投入通过研发经费占当年 GDP 的比例来衡量。技术投入则通过技术市场的交易成交额占 GDP 的比重和金融科技指数来评估，后者的数据来源是"数据皮皮侠"数据库。金融科技指数的计算参考了盛天翔等在 2020 年的研究，它通过收集与银行小微企业信贷业务相关的金融科技关键词，如"区块链、移动支付、网上融资、电子银行"，利用熵值法生成综合指数，并以各省常住人口数进行标准化，从而评估各省在小微企业信贷方面的金融科技发展水平和创新能力。人力资源方面的投入则是通过数据库中记录的研发人员全时当量以及信息传输、软件和信息技术领域从业人员（年末数）占总就业人员（或从业人员）的比例来进行测算。关于创新产出，由于区域数据的限制，本书选择使用规模以上工业企业的研发项目（课题）数量和专利申请授权数作为衡量指标。

3. 协调维度的指标解释与数据来源

协调维度考虑产业结构和城乡结构两个领域的协调情况。产业结构的协调性主要通过产业结构合理化指数、高级化指数和高度化指数来衡量。

产业结构合理化指数采用泰尔指数来测算，这一指数能够同时考虑不同产业之间在产值和就业方面的结构偏差，以及各产业的经济地位。泰尔指数的计算公式包括了各产业的产值比重和就业比重。如果泰尔指数为 0，表明产业结构处于均衡状态；若不为 0，则表明产业结构偏离了均衡，显示出结构上的不合理。具体计算公式为：

$$产业结构合理化指数 = \sum_{m=1}^{3} y_{i,m,t} \ln\left(y_{i,m,t} / l_{i,m,t}\right), m = 1,2,3$$

其中，$y_{i,m,t}$ 表示 i 地区第 m 产业在 t 时期的产值占地区生产总值的比重，$l_{i,m,t}$ 表示 i 地区第 m 产业在 t 时期从业人员占总就业人员的比重。

产业结构高度化指数反映的是三大产业（第一产业、第二产业、第三产业）在总体经济中份额比例的演变，这一指标通过产业结构层次系数来表示，反映了从第一产业向第二产业和第三产业转变的比例关系及其演进过程。具体计算公式为：

$$产业结构高度化指数 = \sum_{m=1}^{3} y_{i,m,t} \times m, m = 1,2,3$$

其中，$y_{i,m,t}$ 同合理化指数中的意义相同。

产业结构高级化指数则参考张欣艳等的测算方式，侧重于评估产业结构在质的层面上的提升和优化。公式为：

$$产业结构高级化指数 = 第三产业 GDP / 第二产业 GDP$$

在评估城乡结构的协调性时，选取了三个关键指标：城镇化率、城乡宽带接入用户数之比及城乡计算机拥有量之比。城镇化率的数据源自相应年鉴。城乡宽带接入用户数之比是通过城镇宽带用户数除以乡村宽带用户数得出的，而城乡计算机拥有量之比则是通过比较城镇居民家庭与农村居民家庭中，平均每百户年末的计算机拥有量来计算的。这些基础数据都来源于中国经济社会大数据研究平台。

4. 绿色维度的指标解释与数据来源

绿色维度主要包括节能减排和绿色环保两个方面。在节能减排方面，主要通过能源消耗和废弃物排放来衡量。能源消耗通过能源消耗系数来评估，该数据直接来源于数据库。废水排放采用单位 GDP 废水排放指标，该指标通过工业废水的化学需氧量排放量与地区 GDP 的比值来计算。废气排放则通过单位 GDP 废气排放指标来测算，具体是通过工业二氧化硫排放总量与地区 GDP 的比值进行计算。由于 2022 年的数据缺失，对于这一年的单位 GDP 废水和废气排放，采用与相邻年份单位 GDP 废水和废气排放减少速度相同的方法进行估算。在绿色环保方面，重点关注污染治理、固体废物利用和污水处理三个领域。污染治理通过工业污染治理完成的投资额占当年 GDP 的比重来衡量。固体废物利用和污水处理的表现则通过固体废物综合利用率和城市污水处理率来评估，这些数据同样直接来源于平台数据库。

5. 开放维度的指标解释与数据来源

开放维度涉及对外开放和对内开放两个侧面。对外开放通过外商投资比重和对外贸易依存度来衡量。外商投资比重是将当年外商直接投资额与当年 GDP 进行比较计算，注意外商直接投资数据以美元计量，因此需要结合当年汇率进行转换。对外贸易依存度则通过将进出口总额与 GDP 相比来计算。对内开放的主要衡量标准是市场化指数，海南省的相关数据来源于"数据皮皮侠"中国分省份市场化指数数据库。该数据库涵盖了全国 31 个省、自治区、直辖市从 1997 年到 2022 年的市场化进程评分及排名，包括总指数和六个分项指数：政府与市场关系、非国有经济发展、产品市场发育程度、要素市场发育程度、市场中介组织发育和法律制度环境。计算这些指数的方法参考了解学梅和俞红海的研究。在国家层面，市场化指数是通过计算 31 个省份指数的平均值来表示的。

6. 共享维度的指标解释与数据来源

共享维度考虑设施共享、技术共享和应用共享三个内容。设施共享评估互联网接入、移动电话基站和长途光缆线路三个方面的表现。互联网接入端口数、互联网宽带接入用户数和移动互联网接入流量三个指标用一评估互联网接入情况，数据直接取自于平台数据库。移动电话基站密度用以反映移动电话基站，具体计算为移动电话基站数除以区域面积。单位面积长途光缆线路长度作为评估长途光缆线路的指标，具体计算为长途光缆线路长度除以区域面积。技术共享用企业数字化和数字普惠金融来反映。企业数字化用有电子商务活动的企业占比数来代表，数据也是直接来自于平台数据库。数字普惠金融指数则来自于北京大学数字金融研究中心的指数报告数据集，这套指数包括中国 31 个省，337 个地级以上城市，以及 2 800 个县的指数，涵盖数字普惠金融指数，以及数字金融覆盖广度、数字金融使用深度，以及普惠金融数字化程度等多个方面。国家层面的数值，采用 31 个省数字普惠金融指数的平均数。应用共享则表现为信息化程度、网络化程度、移动电话普及情况和数字电视普及情况四个方面，分别用每百人使用计算机数、每百家企业拥有网站数、移动电话普及率和每万人数字电视用户数来表示。其中前三个具体指标数据直接来源于平台数据库，每万人数字电视用户数由数字电视实际用户数除以年末地区人口总数计算得出。

第二节 海南省数字经济高质量发展综合评价

一、综合评价指标权重确定与计算方法

（一）指标权重的确定

由字经济高质量发展各评价指标数据量纲不同，量级差异显著，基于可比性原则，采用最小最大标准化法，分别对正、逆指标数据进行归一化处理。

本书中共有 7 个逆指标，其他均为正指标。然后选用熵权法，对各指标在指标体系中的重要性进行客观赋权。方法原理在第二介不再赘述。但需注意，用标准化后的数据，计算各个评价对象上比重 p_{ij} 时，$p_{ij}=0$ 的情况，这会导致由此计算的信息熵 $E_j=-k\sum_{i=1}^{n}p_{ij}\lg(p_{ij})$ 不存在。依据信息熵的定义，当 $p_{ij}=0$ 时，项 $-p_{ij}\lg(p_{ij})$ 的贡献为 0，因为从数学的极限角度来看，$\lim_{p\to 0}p_{ij}\lg(p_{ij})=0$，因此，在实际计算时，直接将这些项设置为 0，不进行计算。赋权结果如表 4-2 所示。

表 4-2 权法各具体指标权重

具体指标	海南省	全国
计算机、和其他电子设备收入占比	0.027 1	0.024 7
软件和信息技术服务收入占比	0.026 1	0.025 4
电信业务总量占比	0.028 8	0.028 2
快递业务收入占比	0.024 8	0.025 2
电子商务活动额占比	0.024 0	0.024 9
GDP 增	01	0.024 7
研发经费投入占比	0.027 2	0.026 5
技术市场交易成交额占比	0.025 9	0.027 2
金融科数	0.027 3	0.026 3
研究人员全时当量	0.027 7	0.026 6
信息传输、软件和信息技术从业人员占比	0.025 1	0.026 2
研究项目（课题）数	0.028 2	0.027 0
专利申请授权数	0.027 9	0.026 9
合理化指数	0.024 6	0.024 7
高级化指数	0.025 6	0.024 7
高度化指数	0.025 2	0.024 7
城镇化率	0.024 6	0.025 1
城乡宽带接入用户数之比	0.024 5	0.025 8
城乡计算机拥有量之比	0.024 0	0.024 5
能源消费弹性系数	0.027 9	0.025 1
单位 GDP 废水排放	0.024 2	0.025 1

续表

具体指标	海南省	全国
单位 GDP 废气排放	0.024 8	0.024 9
工业污染治理投资占比	0.024 1	0.025 2
固体废物综合利用	0.026 3	0.026 3
城市污水处理率	0.025 3	0.025 1
外商投资总额占比	0.026 0	0.027 2
进出口总额占比	0.026 1	0.027 5
地区市场化指数	0.025 6	0.025 3
互联网接入端口数	0.025 5	0.025 1
互联网宽带接入用户数	0.025 8	0.025 6
移动互联网接入流量	0.027 7	0.028 2
移动电话基站密度	0.024 8	0.025 1
单位面积长途光缆线路长度	0.024 8	0.025 0
有电子商务活动的企业占比	0.023 9	0.024 4
数字普惠金融指数	0.024 8	0.025 3
每百人使用计算机数	0.024 4	0.025 5
每百家企业拥有网站数	0.024 6	0.024 5
移动电话普及率	0.024 6	0.025 9
每万人数字电视用户数	0.026 0	0.024 3

对具体指标的权重进行汇总可得到数字经济各位及各包含内容的权重，如表 4-3 所示。根据文档中的各指标的熵权值计算得到，数字经济发展中各维度和内容的权重有着显著的不同。共享维度的权重之和在海南省为 0.277 1，全国为 0.278 9，表明共享设施、技术和应用在数字经济中起着至关重要的作用。尤其是在应用共享方面，海南省的权重为 0.099 6，全国为 0.100 1，反映出应用共享在推动数字经济发展中的核心地位，其中移动互联网接入流量的熵权值最高，表明移动互联网的普及和应用对数字经济有极大推动作用。创新维度的权重在海南省为 0.189 3，全国为 0.186 8，显示了创新对数字经济的推动效果显著，特别是在创新的投入方面，如研发经费投入和技术市场交易成交额等指标体现出较高的权重，说明资金投入和技术交易活跃对于创新动力的形成至关重要。然而，信息传输、软件和信息技术服务

业从业人员占比的权重相对较低，可能暗示了这些行业在当前数字经济体系中还有待进一步的发展和整合。发展维度中，规模和速度部分的总权重分别为海南省0.154 9和全国0.153 0，其中，电子商务活动额占比的熵权值最高，表明电子商务在地区经济中的占比日益增加，对数字经济的贡献显著。此外，GDP增长率作为速度的代表指标，其相对较低的权重反映出经济增长速度虽重要，但在整体数字经济评价中的直接影响力较其他因素为小。在协调维度中，海南省和全国的权重分别为0.148 6和0.149 5，其中，产业结构的高级化指数和城乡结构的城乡宽带接入用户数之比的熵权值相对较高，说明产业的高级化发展和城乡数字鸿沟的缩小是推动数字经济均衡发展的关键因素。绿色维度的权重在海南省为0.152 6，全国为0.151 7，其中节能减排的单位GDP废气排放的熵权值较高，显示出环保措施在数字经济发展中的重要性，强调了在推动经济发展的同时也需注重可持续性和环保。各指标在不同维度中的熵权值不仅反映了它们对数字经济影响的大小，还揭示了在数字经济发展策略中可能需要重点关注和优化的领域。

表4-3　数字经济高质量发展各维度和内容的权重

维度	维度权重		内容	内容权重	
	海南	全国		海南	全国
发展	0.154 9	0.153 0	规模	0.130 8	0.128 4
			速度	0.024 1	0.024 7
创新	0.189 3	0.186 8	投入	0.133 1	0.132 8
			产出	0.056 1	0.054 0
协调	0.148 6	0.149 5	产业结构	0.075 5	0.074 1
			城乡结构	0.073 1	0.075 4
绿色	0.152 6	0.151 7	节能减排	0.076 9	0.075 1
			绿色环保	0.075 7	0.076 6
开放	0.077 6	0.080 0	对外开放	0.052 1	0.054 7
			对内开放	0.025 6	0.025 3
共享	0.277 1	0.278 9	设施共享	0.128 8	0.129 1
			技术共享	0.048 7	0.049 7
			应用共享	0.099 6	0.100 1

（二）计算方法

评价数字经济的高质量发展主要依靠一套综合的评价系统。该系统通过聚合不同指标的权重，并运用标准化方法，计算得到一个综合评价指数。具体计算公式如下：对于每一个指标 x_i，进行标准化处理，得到标准化后的值 v_i，每个指标对应一个权重 w_i，然后通过加权求和的方式，计算得到综合评价指数 E，即 $E = \sum_i (w_i \times v_i)$。本书采用的标准化方法决定了数字经济高质量综合发展指数的范围介于 0 到 1 之间，该指数可以有效反映出地区在数字经济方面的发展质量。本书以海南省和全国其他省份的数据为例进行比较。这种方法虽然提供了一种量化评估的手段，但也存在一定的局限性。例如，各年份的权重采用的是 2013 年至 2022 年的平均值，没有考虑不同年份情况的变化，这可能影响评价结果的准确性。因此，未来的研究中需要对权重分配机制进行进一步的优化和调整，以更准确地反映数字经济的实际发展状况。

二、综合评价结果与分析

（一）总体分析

在 2015 年之前，全国的数字经济发展整体较为缓慢，这一情况使得海南省能够与全国平均水平保持同步。然而，随着 2015 年以后全国多数省份加速数字经济的发展，海南省的数字经济发展水平开始逐年落后于全国平均水平，这种趋势一直持续到 2022 年。海南省数字经济发展滞后的主要原因包括：首先，海南由于其特殊的地理位置和有限的资源，面临基础设施特别是信息基础设施建设的巨大挑战，这限制了其数字经济的快速发展；其次，海南省的经济主要依赖旅游和服务业，而这些行业的数字化转型相对缓慢，且省内缺乏支撑数字经济发展的高技术和信息化产业；再次，海南在技术创新和人才引进方面存在不足，尤其是高端 IT 人才的缺乏，减缓了技术进步和创新能力的提升；最后，相比其他省份，海南在数字经济相关领域的资金投入较少，这影响了新技术的研发和应用推广。这些因素综合作用下，导致了海南省在数字经济高质量发展上的落后。

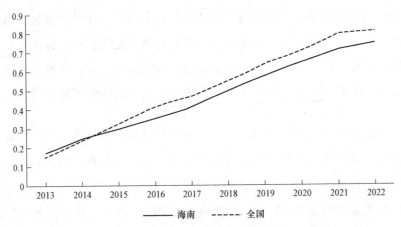

图 4-2　2013 年至 2022 年数字经济高质量发展综合评价指数对比图

（二）分维度对比分析

根据图 4-3 和图 4-4，海南省与全国在数字经济高质量发展水平的趋势表现出一定的异同。从 2013 年到 2022 年，尽管海南和全国整体都呈现出数字经济发展的上升趋势，体现了技术进步和数字化应用的普及，如云计算和大数据在各行各业的广泛应用，但全国的增长速度普遍快于海南省。例如，从 2015 年开始，像江苏、浙江这样的省份通过建立大量的数据中心和推动电子商务的快速发展，显著提升了其数字经济的发展水平，而海南则在相同期间的发展相对缓慢。全国的数字经济发展较为均衡，得益于政府的重点支持和资金投入，如设立数字经济创新发展试验区，促进了广东、上海等地的快速发展，而海南省虽然享有自贸区的政策优势，但在数字经济的具体政策推动和资金支持上稍逊于这些地区。此外，海南的基础设施建设，特别是信息基础设施，由于地理和物流条件的限制，发展速度不及内陆和东部沿海的发达地区。再考虑海南的经济结构主要依赖旅游和服务业，缺乏像深圳或苏州这样的高技术产业基础，这直接影响了其数字经济的核心领域发展，如软件开发和高端电子制造业的推进。同时，人才集聚与技术创新方面也存在不足，海南在吸引高端 IT 人才和推动技术研发方面的能力相对较弱，这与北京、上海等地的繁荣科技创新环境形成鲜明对比，后者通过高等教育资源和人才集聚效应，在数字技术研发和创新方面取得了显著成就。

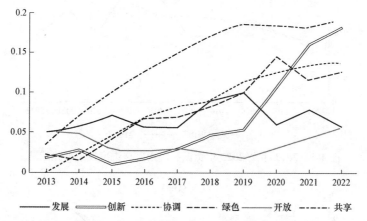

图 4-3　2013 年至 2022 年海南省数字经济高质量发展各维度发展变化趋势

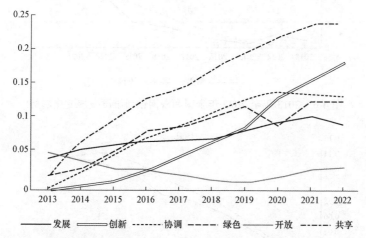

图 4-4　2013 年至 2022 年全国数字经济高质量发展各维度发展变化趋势

以上讨论已经对海南省与全国在数字经济高质量发展的总体表现及其差别进行了概述。为了更细致地掌握这些区别的细节，接着对全国与海南在数字经济各分别维度的进展进行深入分析。通过这种详尽的对比，可以更精确地确定海南在哪些特定领域落后，以及在哪些方面相对表现良好。这有助于更明确地指出海南省在推动数字经济策略时需要优先考虑的关键领域。

图 4-5 至图 4-10 显示了数字经济高质量发展六大维度的具体表现。

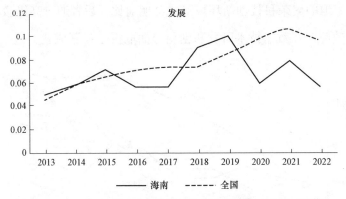

图 4-5　2013 年至 2022 年全国和海南发展维度发展变化趋势

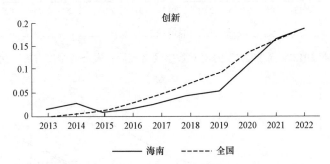

图 4-6　2013 年至 2022 年全国和海南创新维度发展变化趋势

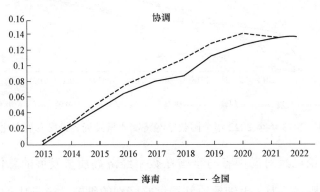

图 4-7　2013 年至 2022 年全国和海南协调维度发展变化趋势

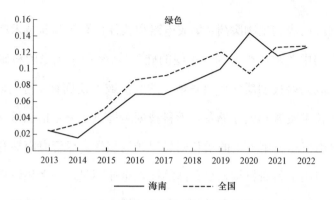

图 4-8　2013 年至 2022 年全国和海南绿色维度发展变化趋势

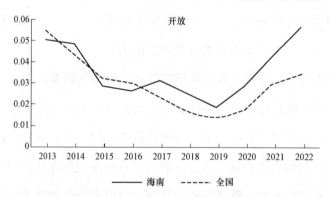

图 4-9　2013 年至 2022 年全国和海南开放维度发展变化趋势

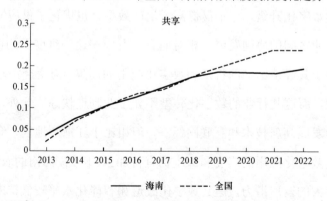

图 4-10　2013 年至 2022 年全国和海南共享维度发展变化趋势

在创新维度上，全国的发展显著而迅速，这主要得益于政府推出的大量科技创新政策和强有力的资金支持。特别是在北京、上海和深圳这样的大城市，科技企业和创新中心的快速增长极大推动了这一进程。例如，上海的张江高科技园区已成为生物医药、集成电路和软件信息等高新技术产业的聚集地，而北京的中关村则被誉为"中国的硅谷"，集中了大量的科研机构和高科技企业，成为科技创新的重要基地。这些区域不仅拥有先进的研发设施，还有丰富的技术资源和人才储备，为科技创新提供了充足的土壤和环境。相比之下，海南在这一维度上的增长则显得较为缓慢。尽管海南拥有自贸港等政策优势，但由于科研机构较少，高端技术企业不足，加之科研投资相对不足，这些因素综合限制了其科技创新能力的提升。海南目前缺乏与北京、上海相匹配的创新生态系统，这在一定程度上减缓了省内科技创新和技术进步的步伐，未能充分发挥出潜在的科技创新能力。

在协调维度上，全国各省份积极推动产业数字化转型，实现了产业间的良好协调，这一过程中江苏和浙江省尤为突出。这两个省通过电子商务平台的发展，有效地促进了传统制造业与现代服务业的结合，例如，在江苏，传统的纺织和机械制造业通过引入先进的数字管理系统和在线市场平台，实现了产品创新和市场扩展；浙江则利用其强大的电商平台如阿里巴巴，推动了小微企业的数字化升级，这不仅提高了生产效率，也优化了供应链管理，加强了不同产业之间的协同发展。相对而言，海南在这一维度上的进展较慢，这主要是由于其经济结构的特点和数字化应用的局限。海南经济较为依赖旅游和服务业，而这些行业的数字化转型不如工业制造快速。此外，虽然海南近年来努力发展高新技术和互联网经济，但相比于江浙等地区，海南在传统行业中推广数字化应用的广度和深度仍有待加强。例如，海南的农业和渔业，尽管拥有巨大的发展潜力，但其数字化改造和智能化水平较低，未能有效利用数字技术来提升产业链的协调性和效率。

在绿色维度上，海南和全国都取得了一定的进展，尤其体现在推动低碳经济和绿色技术的应用方面。例如，全国范围内，许多地区通过推广新能源汽车、建设太阳能发电设施和风力发电站等措施积极响应绿色发展的号召。

特别是在广东和浙江,这些省份不仅大力投入绿色产业技术,还在智能电网和节能技术的应用上取得了显著成就。广东省利用其制造业基础,推广了一系列节能减排的技术改革,同时浙江利用其技术创新优势,发展了一批以环保为核心的高科技企业,这些措施不仅提高了能效,还促进了经济的绿色转型。海南虽然拥有丰富的自然资源和独特的生态环境,具备发展绿色经济的天然优势,如丰富的太阳能和风能资源,但在绿色数字技术的整合应用上还未完全发挥出潜力。海南在推动环保项目和绿色技术融入到经济发展中的步伐相对缓慢,绿色技术的研发和商业应用方面的成果较少。此外,虽然海南已开始某些绿色项目,如建设电动汽车充电站和推广绿色建筑标准,但与广东和浙江等地相比,这些努力在规模和深度上还有较大的提升空间。

在开放维度上,全国特别是经济特区和沿海开放城市如深圳和上海,已通过实施更加开放的政策和积极的国际合作策略,成功吸引了大量外资和国际技术进入数字经济领域。深圳作为科技创新的前沿,拥有众多高科技企业和创新中心,通过与全球科技巨头的合作,不断引进先进技术和管理经验,促进了当地数字经济的快速发展。上海则利用其国际金融中心的地位,吸引了大量外国直接投资,特别是在金融科技和电子商务等领域,加快了数字化转型的步伐。这些城市的开放政策不仅促进了资本流动和技术交流,还带动了区域经济的全面升级和国际竞争力的提升。海南虽然被赋予自由贸易港的政策优势,且政府也致力于打造开放型经济新高地,但在吸引外部资源和技术合作方面的成效尚未完全体现。海南的国际化程度和外资吸引力虽有所提升,但与深圳和上海这样的国际大都市相比,还存在一定差距。这可能是因为海南在国际知名度和业务环境方面还需进一步提升,同时,外国企业和投资者对海南的市场潜力和投资环境的认知仍有限。

在共享维度中,全国通过积极推广数字公共服务和"互联网+政务服务"成功实现了资源的更广泛共享,这不仅提升了政府服务的效率,也增强了公众的获取信息的便捷性。例如，四川和浙江等省份在电子政务和社会服务的提供上非常先进，这些地区利用大数据和云计算技术，实现了政府数据的开放和共享，公民可以通过在线平台办理大量的行政事务，如户籍管理、社保查询等，大大简化了传统的办事流程，并提高了政府透明度和公众满意度。此外，这些省份还推出了多种便民应用，如智慧医疗、在线教育和智能交通系统，有效提升了公共服务的质量和覆盖范围。海南虽然在这一领域也取得了一定的进步，但与四川和浙江等地相比，其在数字资源共享方面的基础设施和服务仍有较大的提升空间。海南在推进数字公共服务方面的步伐较慢，一些关键的数字化项目和平台尚未全面实施，如电子政务服务的全覆盖和高效运作。此外，海南在建设智慧城市和实现政府数据全面开放方面还面临一些技术和政策挑战。

发展维度决定于其他五个维度的发展。海南省在发展维度上的表现未能达到全国平均水平的主要原因是，在上述各个关键维度中存在一定的差距。从历史趋势来看，尽管海南省在创新、协调、绿色和开放等方面的表现在近两年有所改善，特别是随着自贸港建设的全面推进，这些维度的发展显著提升。例如，在开放维度上，海南甚至开始超越全国平均水平，这得益于自贸港政策带来的国际合作和外资吸引。然而，由于这些改善需要时间才能显著影响总体的发展维度，海南省在发展维度上的表现仍显示出一定的不稳定性。

第三节　促进海南省数字经济高质量发展的策略建议

一、强化基础设施建设

为了确保海南省在数字经济领域的竞争力和持续发展，至关重要的一步是加强信息基础设施的建设。海南省应投资扩展宽带网络的覆盖和容量，确保从城市到偏远乡村的每一个角落都能接入高速、可靠的互联网。这不仅提高居民和企业的网络访问质量，还是发展远程教育、电子商务、远程医疗等服务的基础。数据中心的建设对于海南省而言尤为重要。随着大数据和云计算技术的普及，强大的数据处理和存储能力是支持这些技术应用的核心。海南应吸引和鼓励国内外企业在岛上建立数据中心，利用海南的地理和政策优势，如自贸港带来的税收优惠等，成为数据处理的重要枢纽。5G 网络的部署是推动数字经济发展的另一个关键因素。5G 技术支持的高速度和低延迟特性对于发展物联网、智慧城市、自动驾驶等未来技术至关重要。海南应加快 5G 基础设施的建设，确保全省范围内 5G 网络的全覆盖，为创新型应用和服务提供强有力的网络支持。

二、促进产业多元化

海南省的经济发展历来依赖于旅游和服务业，这两个行业虽然为地区经济贡献巨大，但过度依赖单一或少数产业可能会增加经济的脆弱性。为此，海南省需要采取措施促进产业多元化，特别是通过政策激励和资金支持，吸引和培育更多的高技术企业和信息化产业。例如，可以实施税收优惠、提供研发补贴、简化企业设立和运营的行政程序等措施，以吸引国内外高科技公司在此设立研发中心或生产基地。此外，应积极推动传统产业特别是旅游和服务业的数字化转型。通过引入智慧旅游解决方案，如基于大数据的游客流量管理、实时旅游服务定制、虚拟现实和增强现实体验等，可以极大地提升旅游体验，增加旅游产业的吸引力和竞争力。同时，智能服务业的发展，如通过数字技术优化酒店管理、提升零售业客户服务质量、发展在线咨询和远程服务等，不仅能提高服务效率，还能扩大服务范围和深度，提升整体服务业的附加值。

三、加强技术创新和人才培养

建立更多的科技创新平台是推动海南省在科技创新领域的发展的关键步骤。应考虑设立多个技术研发中心和创新孵化基地，这些平台将专注于高新技术的研发和商业化应用。通过这些创新中心，可以促进科研成果的转化，支持初创企业和技术创新项目的成长。同时，应与国内外知名的高等院校和研究机构建立合作关系，共同开发科研项目，共享科研资源。这不仅可以提高海南的研发能力，还能增强其在科技领域的影响力和吸引力。

人才是科技创新的核心，因此还需要在人才引进和培养上下功夫。具体措施包括为高端 IT 人才和科技创新人才提供一系列激励政策，如税收优惠、生活补贴、住房支持和子女教育资源，以吸引和留住这些人才。此外，可以设立专门的人才发展基金，支持人才的继续教育和技能提升，鼓励人才参与国内外的交流和培训项目，以此提高他们的专业水平和创新能力。为了确保这些措施的实施效果，还应建立一套完善的人才评价和激励机制，确保人才政策的公平性和透明性，同时提供持续的职业发展支持。

四、拓展开放合作

海南自贸港的政策提供了独特的机遇，使得该地区成为吸引外资和国际科技企业的理想场所。为了充分利用这一优势，应加强在数据驱动的高新技术领域的国际合作。这可以通过提供一系列激励措施实现，包括税收减免、海关便利化和知识产权的强化保护，以吸引外国企业在海南投资建立研发中心或生产基地。通过这种方式，不仅可以引进先进的技术和管理经验，还可以促进当地就业和技术水平的提升。此外，应积极构建国际科技交流平台，如定期举办国际科技交流会议、技术展览和创新论坛。这些活动不仅能为海南的科技企业和研究人员提供与国际同行交流的机会，还能展示海南在特定科技领域的最新发展和成就，增强其在全球数字经济中的影响力和竞争力。例如，通过引入国际知名的科技展览，可以吸引全球的注意力，推广其科技成果和创新环境。同时，还应利用其地理和文化优势，发展成为国际会议和展览的中心，通过这些国际活动促进文化和科技的交流，加强与国际市场的联系。这种开放合作的策略将有助于海南省在全球范围内塑造创新和开放的形象，为其经济发展带来长远的利益。

五、推广数字公共服务和共享经济

提升公共服务的质量与效率，关键是积极推动电子政务和智慧城市的发展。这包括利用云计算和大数据技术来处理和分析大量的城市运行和管理数据，从而优化城市管理、提高政府服务的透明度和响应速度。例如，通过建立统一的电子政务平台，可以实现行政审批、公共资源交易、社会保障及其他政府服务的在线化，大幅降低纸质文档使用，减少居民和企业在办理各类业务时的时间成本。此外，推广智慧医疗系统是提高医疗服务效率和质量的关键。通过构建电子健康档案、远程医疗服务和智能诊断系统，不仅能够提供更加个性化和及时的医疗服务，还能在公共卫生事件中迅速做出响应。智慧医疗的推广将极大地便利居民的就医经验，同时提高医疗资源的使用效率。在教育领域，推动在线教育的发展同样至关重要。通过建立全面的在线教育平台，支持视频教学、互动式学习和在线考试，可以突破传统教育的地理和时间限制，提供更加灵活和多样化的学习方式。这不仅能够提高教育资源的覆盖率和公平性，还能根据市场和社会需求快速调整教育内容和教学方法。智能交通系统的引入也是构建智慧城市的重要一环。通过部署先进的交通管理系统、实时交通信息发布和智能导航服务，海南可以有效缓解交通拥堵，降低交通事故发生率，并提高交通系统的整体效率。例如，通过安装智能交通信号灯和车辆监控系统，可以实时调整交通流量，优化车辆行驶路线，显著提升通行效率。

六、绿色可持续发展

海南省作为拥有丰富自然资源和独特生态环境的地区，加大对绿色科技的投入尤为重要。投资清洁能源技术，如太阳能、风能和生物质能，不仅可以减少对传统化石燃料的依赖，降低碳排放，还可以促进能源结构的优化升级。此外，智能电网的开发和应用能有效提高能源使用效率，通过实时监控和动态调整能源分配，优化能源消耗，减少浪费。节能技术的推广也是实现绿色增长的关键。例如，在建筑行业，推动绿色建筑标准的实施，使用节能材料和技术，可以大幅降低建筑的能耗和碳足迹。在制造业中，通过采用高效节能的机械设备和优化生产流程，不仅能提高生产效率，还能降低能源消耗和排放。在具体政策实施方面，应制定和执行严格的环保标准，确保所有建设项目和产业发展活动都符合环保要求。通过环评制度，对可能对环境造成影响的项目进行严格审查和监管，确保其在开发前评估潜在的环境影响，并采取相应的减缓措施。此外，还应强调绿色增长的重要性，通过教育和宣传活动提高公众对环保的意识。鼓励企业和社区参与到环保活动中来，比如实施垃圾分类、参与植树造林等。同时，通过政策激励和财政补贴，支持企业开发和应用绿色技术，推广环保产品和服务。

第五章　数字经济对"新"全要素
生产率的影响

第一节　新质生产力——"新"的全要素生产率
（New TFP）

一、新质生产力的概念与特征

（一）新质生产力的概念

历次产业革命均呈现出以下共同特点：新科学理论作为基础，新生产工具的出现，新投资热点和就业岗位的形成，经济结构与发展方式的重大调整，以及社会生产生活方式的深刻变革。这些要素当前正加速积累与成熟，新一轮科技革命与产业变革与中国加快经济发展方式转变形成历史性交汇，为实施创新驱动发展战略提供了重大机遇。

新质生产力概念的首次提及可以追溯至 2013 年 9 月 30 日，新一轮科技革命与产业变革将与中国转变经济发展方式形成历史性交汇，为实施创新驱动发展战略迎来重大机遇。此后，新一轮科技革命与产业变革的交汇为中国实施创新驱动发展战略提供了重大机遇。在 2018 年 4 月 20 日全国网络安全和信息化工作会议上的讲话中，进一步强调网信事业代表着新的生产力和新的发展方向，应在践行新发展理念上先行一步，发展数字经济，加快推动数字产业化，以信息技术创新驱动催生新产业、新业态、新模式。在 2021 年 10 月 18 日十九届中央政治局第三十四次集体学习时指出数据作为新型生产要素对传统生产方式变革具有重大影响，数字经济不仅是新的经济增长点，也是改造提升传统产业的支点，可以成为构建现代化经济体系的重要引擎。科技创新是新质生产力的核心要素，强调要加强科技创新，实现高水平科技自立自强，建设科技强国与人才强国具有内在一致性与相互支撑性。"新质生产力"这一新的经济学概念，强调要整合科技创新资源，引领发展战略性新兴产业和未来产业，加快形成新质生产力。

二十届中央政治局第十一次集体学习进一步明确了新质生产力的内涵和特征，新质生产力是以创新为主导，摆脱传统经济增长方式与生产力发展路径，具有高科技、高效能、高质量特征，符合新发展理念的先进生产力质态。本质上，它通过技术革命性突破、生产要素创新配置和产业深度转型升级催生，以劳动者、劳动资料、劳动对象及其优化组合的跃升为基本内涵，全要素生产率大幅提升为核心标志。创新是新质生产力的显著特征，质优是其关键属性，先进生产力是其本质。同时，科技创新是新质生产力的核心要素，必须加强科技创新特别是原创性、颠覆性科技创新，实现高水平科技自立自强；数字经济作为新型生产要素推动生产方式变革，是现代化经济体系的重要引擎；绿色发展是高质量发展的底色，新质生产力本身就是绿色生产力，需推动绿色转型和绿色科技创新；生产关系与改革需要深化经济体制、科技体制改革，构建与新质生产力相适应的新型生产关系。通过科技创新、深化改革和数字化发展，最终形成推动中国经济高质量发展的新型生产力格局。

（二）新质生产力的核心内容

1. 更高素质的劳动者

新质生产力的首要要素是更高素质的劳动者，他们是推动新质生产力形成与发展的关键力量。新质生产力以更高素质的劳动者作为首要要素，对劳动者的知识与技能提出了更高要求，特别需要具备战略性眼光和掌握新型生产工具的应用型人才。在战略人才方面，新质生产力依赖包括顶尖科技人才、科技领军人才、青年科技人才、卓越工程师和技术工人在内的多层次、高素质人才队伍。这些人才引领科技创新，推动技术革命与产业变革，为新质生产力的持续发展提供坚实支撑。与此同时，必须完善人才培养、引进、使用、合理流动的机制。优化高等学校学科设置和人才培养模式，为新质生产力培养急需人才，确保新质生产力的可持续发展。具体来说，应加强基础研究和应用型技能的双向培养，探索高校和企业联合培养高素质复合型工科人才的有效机制，构建中国特色、世界水平的工程师培养体系，打造卓越工程技术人才与技术工人队伍。此外，实施更加积极、更加开放、更加有效的人才政策，通过国际接轨的全球人才招聘制度，积极引进国际优秀人才，推动国家科技计划的开放共享，为新质生产力的发展持续注入新动力。

2. 更高技术含量的劳动资料

新质生产力的动力源自更高技术含量的劳动资料，这些资料包括新一代信息技术、先进制造技术、新材料技术等的融合应用，产生更智能、更高效、更低碳的新型生产工具。通过工业互联网和工业软件的广泛应用，生产工具的形态愈加丰富，使得制造流程趋向智能化，并从规模生产走向规模定制。先进制造业与新一代信息技术的深度融合，不仅进一步解放了劳动者，而且极大拓展了生产空间，为形成新质生产力提供了物质条件。在此基础上，必须促进劳动资料的持续创新与发展，充分发挥科技创新与先进技术的带动作用，加快数字化车间和智能制造示范工厂的建设，推动生产资料实现新一轮的迭代升级。

3. 更广范围的劳动对象

更广范围的劳动对象是新质生产力的物质基础。劳动对象作为生产活动的基础和前提，随着科技创新的广度延伸、深度拓展、精度提高和速度加快，劳动对象的种类和形态也大幅拓展。科技创新使得劳动对象的范围延伸至深空、深海、深地等新领域；同时，数据作为新型生产要素也成为重要的劳动对象，既直接创造社会价值，又通过与其他生产要素结合、融合进一步放大价值创造效应。此外，人类通过劳动不断创造新的物质资料，并将其转化为劳动对象，推动劳动对象的扩展。新质生产力通过拓展劳动对象的范围，不仅实现了更广阔的生产活动领域，还为生产力的进一步发展提供了广泛的物质基础。

4. 生产力诸要素协同

新质生产力是通过劳动者、劳动资料、劳动对象的优化组合，以及科学技术、管理等要素实现高效协同形成的先进生产力形态。新质生产力引领和带动生产主体、生产工具、生产对象和生产方式的变革调整，推动劳动力、资本、土地、知识、技术、管理、数据等要素实现便捷化流动、网络化共享、系统化整合、协作化开发和高效化利用，最终大幅提升资源配置效率和全要素生产率。新质生产力的核心在于创新，关键在质优，其本质是先进生产力。因此，必须通过科技创新、深化改革与数字化发展等多种路径，持续优化与协同生产力诸要素，实现生产力各要素的创新配置与高效协同，推动全要素生产率的显著提升。

（三）新质生产力的主要特征

1. 高科技的生产力

以科技创新为核心驱动力，打造高科技的生产力。科技创新是新质生产力的核心驱动力。它深刻重塑了生产力的基本要素，催生出新产业和新业态。重大科技创新引领创新链、产业链、资金链和人才链的深度融合，加快科技成果转化。中国在载人航天、量子信息、核电技术等领域取得了一系列重大科技成果，为新质生产力的发展提供了坚实的基础条件。原创性与颠覆性科技创新对新质生产力的培育至关重要。加快实现高水平科技自立自强，打好关键核心技术攻坚战，使原创性和颠覆性科技创新成果竞相涌现，为新质生产力注入新动能。

2. 高效能的生产力

以新兴和未来产业为载体，构建高效能的生产力。产业升级是新质生产力形成的重要支撑。主导产业与支柱产业的持续迭代升级推动生产力跃迁。战略性新兴产业与未来产业具有创新活跃、技术密集、价值高端等特点，为新质生产力提供了巨大的发展空间。近年来，中国在新能源汽车、锂电池、光伏产品等领域加快发展，形成了全球领先优势。为保障产业体系自主可控、安全可靠，必须布局未来产业，完善现代化产业体系，实现战略性新兴产业和未来产业的稳步发展。

3. 高质量的生产力

以供需平衡为核心目标，塑造高质量的生产力。新供给与新需求的高水平动态平衡是高质量发展的关键。社会供给与需求的匹配是社会大生产的良性循环标志。新需求对供给提出了更高要求，推动生产力跃升。新质生产力能够提供高品质、高性能、高可靠性和高环保性的产品与服务，以满足不断增长的新需求。通过优化生产力结构，新质生产力在满足新需求的同时，推

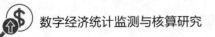

动社会经济发展向更高质量、更高效益的方向迈进。

二、新质生产力是"新"的全要素生产率

新质生产力可以被视为"新"的全要素生产率，其核心在于通过提升全要素生产率来推动经济高质量发展。新质生产力以全要素生产率大幅提升为核心标志，这表明技术革新和产业升级等因素的整合，能够显著提高经济效率和产出能力。

（一）新质生产力提升全要素生产率的机制

根据中国人民银行 2021 年发布的数据，1978 年至 2020 年间，全要素生产率在中国经济增长中的贡献率为 36.6%。虽然低于资本要素的 44.1% 贡献率，但超过了劳动要素的贡献。2002 年至 2007 年期间，全要素生产率的推动作用达到顶峰，贡献率高达 45.1%。然而，随着时间推移，这一数字有所下降，2008 年至 2012 年降至 33.1%，并在 2013 年至 2020 年进一步减少到 25%。杨德龙指出，提升全要素生产率主要有两种途径：一是依靠科技创新提高生产效率；二是通过制度改革优化生产要素配置，从而增强资源配置的效率。杜传忠等的研究确认了新质生产力对于促进生产要素质量提升、生产组织优化、产业体系升级和技术创新的重要影响，提出了多方面的策略，如增强自主创新能力、建设现代化产业体系、完善创新体制机制和推进数字产业化等，以实现新质生产力的最大化利用，推动经济高质量发展。

（二）新质生产力在科技创新和产业变革中的作用

张夏恒等确认了新质生产力在推动数字经济高质量发展中的关键角色，特别是在科技创新和产业变革方面。提出了一系列政策和措施，包括加强科技

创新、优化产业结构、加强区域合作等，以克服新质生产力发展中遇到的困难。蔡湘杰等的研究发现，新质生产力的提升显著促进了全要素生产率的增长，科技创新在新质生产力与全要素生产率之间发挥了中介作用，并存在明显的门限效应。龚斌磊等提出了新测度体系，确认了新质生产力在提升农业全要素生产率中的关键作用，并强调科技创新的中介角色。

（三）新质生产力对现代化产业体系的赋能

王飞等探讨了新质生产力如何赋能现代化产业体系，分析了其理论内涵、时代特征及赋能的内在逻辑和实现路径。得出新质生产力是推动现代化产业体系构建的内生动力，对经济高质量发展具有重要意义。通过技术创新、产业融合、资源优化等多个维度推进新质生产力的应用，可以实现其最大化利用。徐波等研究了新质生产力对资源配置效率的影响，关注其通过提高劳动生产率、增强市场竞争，间接促进资源有效配置的作用。张震宇等定义新质生产力为以科技创新为主导的生产力，强调关键和颠覆性技术的突破，促进生产效率和经营管理方式的变革，显著提升社会全要素生产率。

（四）新质生产力作为高质量发展的内在要求

周文等分析了新质生产力产生的历史逻辑、理论逻辑和现实路径，提出新质生产力作为推动高质量发展的内在要求，是实现中国式现代化的必然选择，科技创新是提升社会生产力和推动现代化的关键。韩文龙等构建了新质生产力的指标体系，探讨其对经济增长的作用机制，得出新质生产力通过提高资源配置效率和增强产业竞争力，显著促进经济增长。蒋永穆等提出的新质生产力理论体系强调技术革命性突破、生产要素创新性配置、产业转型升级、绿色发展方式和新型生产关系的形成，指导实践活动。

综上所述，新质生产力作为"新"的全要素生产率，通过技术创新、产业升级、资源配置优化和制度改革等多种途径，显著推动了经济高质量发展，展示了其在现代经济体系中的重要作用。

三、全要素生产率的概念与测度

（一）定义

全要素生产率（TFP）是一个关键的经济衡量指标，用于评估生产过程中除传统生产要素如劳动力和资本之外的输出增长。它代表生产函数中那些无法由劳动和资本投入完全解释的产出部分，通常与技术进步、效率改善及管理优化等非传统生产要素相关。TFP突出了技术创新和其他非直观因素如何推动产出的增长，这种指标不直接衡量劳动力和资本的总投入对总产量的贡献，而是测量在劳动和资本投入不变的情况下，由于技术改进和其他因素所带来的额外产出。因此，全要素生产率是理解和评估一个经济体在长期内如何通过技术变革和创新提高其生产效率的关键工具。

（二）测度方法

在实际测算中，全要素生产率通常通过生产函数模型来估计。经典的生产函数形式为 $Y = A \times F(L, K)$，其中 Y 是总产出，L 和 K 分别代表劳动和资本的输入，而 A 代表全要素生产率，反映了生产过程中的技术水平。提高全要素生产率意味着在相同的劳动和资本投入下能够实现更高的产出，从而提升经济效率和产出能力。

计算 TFP 的常见方法是 Solow 剩余法，此方法通过从实际产出中剔除可以通过劳动和资本投入解释的部分，将剩余的产出增长归因于全要素生产率的提高。这种方法首次由 Robert Solow 在 1957 年的研究中提出，并且他明确指出，技术变革是推动长期经济增长的主要驱动力，主要是通过提升全要素生产率来实现。

（三）经济意义

全要素生产率的增长对一个国家或地区的经济有深远的影响。它与创新能力、教育质量的提升、制度和市场效率的优化密切相关，是衡量经济体技术进步和效率改善的重要指标。全要素生产率的提升意味着经济体可以更有效地使用其资源，创造更多的产出，从而直接关联到经济的可持续增长和全球竞争力。因此，对政策制定者而言，理解和促进全要素生产率的增长至关重要。通过推动技术创新、改善教育系统、优化制度环境等措施，可以有效提升全要素生产率，从而支持经济体实现长期和高质量的经济增长。

第二节　文献研究综述

一、经济对 TFP 的影响

本书所讲生产率是没有明确考虑新质生产力因素的生产率。数字经济的迅速发展对全球经济格局产生了深远影响。特别是自 20 世纪 90 年代以来，许多国家的学者和研究机构开始关注数字经济对全要素生产率的潜在影响，并在此领域展开了广泛研究。近年来的研究通常可以分为两大类：一类是数字经济对 TFP 的积极影响；另一类则提出数字经济的发展对 TFP 影响并不显著，甚至具有非积极影响。

（二）积极影响

1. 提升创新和技术效率

数字经济的发展能够提升创新和技术效率。Ferreira 等发现，数字化转型显著促进了 938 家企业的创新水平，对企业的 TFP 产生了积极影响，突显了数字化在促进企业创新方面的关键作用。付晓东讨论了数字经济如何引发互补性创新，深刻影响企业的技术进步并提高技术效率，强调了数字经济在推动企业内部技术和管理创新方面的作用。Ryota Nakatani 从企业资产负债表的角度分析，展示了在工业化国家中信息通信技术行业代表性公司的无形资产对 TFP 的正面影响，突出了无形资产在技术进步中的贡献。赵宸宇等通过构建数字经济相关指数，基于中国 A 股上市的大型公司数据，研究表明数字经济的发展通过提升技术要素的使用效率，对企业 TFP 产生了积极作用。彭硕毅和张营营表明，区域数字经济的发展显著推动了企业的技术创新，这些创新活动直接促进了企业 TFP 的提升，强调了技术创新在 TFP 提升中的中介作用。黄先海等指出，数实产业技术融合通过拓展企业的知识宽度和提升技术创新质量来提升企业的全要素生产率，这显著体现了创新和技术效率的提升。此外，该研究还显示了数实产业技术融合如何强化企业的竞争能力，这进一步支持了其对提升技术效率的作用。周冬华等认为企业实施数字化转型能有效提升企业的全要素生产率，特别是通过提高企业创新水平来实现这一效果。数字化转型帮助企业缓解融资约束，从而为更高水平的技术创新提供支持，这直接关联到提升创新和技术效率的主题。杜传忠等表明，数字经济对中国制造业全要素生产率具有明显的正向赋能效应。该效应主要通过三个路径实现：技术进步、技术效率和规模效率，其中技术进步是主要的作用路径。李长英和王曼通过对中国沪深 A 股上市公司 2012 年至 2022 年的数据分析，使用双重差分倾向得分匹配法检验供应链数字化对企业全要素生产率的影响及其作用机制。研究结果显示，供应链数字化不仅提高了企业全要素生产率，并且在某些特定类型的企业（如国有企业、低供应链集中度企业、产业链上游企业和营商环境优势区企业）中，这种正向影响更为显著。此外，供应链数字化通过增强企业创新能力、提升供应链效率和降低企业交易成本来提高企业全要素生产率，从而支持了供应链数字化在推动企业全要素生产率方面的积极作用。陈俊龙等的研究表明，智能制造能够显著提高制造企业的绿色全要素生产率。提升效应的作用渠道包括促进绿色技术进步和提高绿色技术效率，这表明智能制造不仅影响了技术的使用和效率，也具体地促进了环保和可持续性方面的技术发展。金绍荣等研究结果表明，数字化转型通过提高资金利用率、降低超额雇员率、增大研发投入，有效提升了农业企业的全要素生产率。

2. 重构生产网络和产业升级

数字经济的发展有利于重构生产网络和产业升级。荆文君等讨论了数字经济如何通过推动网络技术和信息产业的创新，进而提升生产方式和经济模式，从而推动 TFP 的提升，突出了数字经济在经济模式升级中的作用。杨路明和施礼探讨了通过构建技术创新平台和数字产业集群，如何重构现代生产网络，从而提高工业生产效率和持续生产力增长。刘平峰和张旺研究显示，数字经济的发展显著提升了制造业的TFP，通过技术的应用和优化生产过程，为制造业带来了重大的产业升级。吕可夫等文章中涉及创新能力的增强和运作效率的改进，以及资源配置效率的提升和与供应商及客户间的有效连接等方式提高全要素生产率。戴魁早等数据显示，数据交易平台建设通过降低交易成本、提高创新效率与生产效率，显著地促进了制造业企业的全要素生产率增长，帮助企业在产业网络中更有效地利用资源。张哲等提出，通过实施供应链数字化管理，企业能显著提高全要素生产率。这一影响通过提高企业的创新能力和降低企业成本实现，同时具体到了不同的地区和企业类型。数字化实践改进了生产流程和资源配置效率，从而促进产业升级。杜传忠等研究指出，人工智能通过提高要素配置效率、降低企业成本、增强企业研发能力来提升全要素生产率。这些效应表明，人工智能不仅促进技术进步和效率提升，还通过提高要素配置效率来重构生产网络和产业升级。

3. 促进区域发展和资源整合

数字经济在促进区域发展和资源整合方面具有重要作用。肖旭，戚聿东提出，数字经济能有效整合信息流、物质流、资金流，从价值重塑到价值创造的过渡，打破传统要素的路径依赖，实现高效率的经济增长，强调了数字经济在资源整合和效率提升中的关键作用。钟业喜等通过建立空间计量模型研究数字经济对长江经济带的 TFP 影响，发现数字经济显著提升了 TFP 水平，尤其有利于经济落后地区实现"弯道超车"，突出了数字经济在促进地区平衡发展中的重要性。赵涛等通过实证分析揭示了数字经济产业通过激发创业活动等中介效应显著提升了区域全要素生产率，突显了数字经济在促进区域经济发展和资源整合中的潜力。邱子迅和周亚虹利用广义 DID 模型分析了中国国家级大数据试验区的数据，揭示了数字经济对区域 TFP 的正向影响，展现了数字经济在区域经济发展中的推动作用。万晓榆和罗焱卿通过构建数字经济指标体系和应用中介效应模型，研究显示中国数字经济对 TFP 有明显的正向影响，进一步证明了数字经济对区域发展的促进作用。韩峰等提到，通过增强企业间的集聚网络和协同作用，企业能够更有效地分享和利用资源，优化资源配置效率，特别是在知识学习和技术扩散方面。同时，数字化和集聚网络的结合改变了企业的生产方式和资源配置模式，推动了生产网络的重构和产业的升级。马文聪等的研究结果显示了数字化对全要素生产率的非对称性影响，其中包括正面和非正面的效应。文章指出，虽然数字化对高生产率企业有促进作用，但对低生产率企业则具有抑制作用，并阻碍了企业间 TFP 的收敛，加剧了 TFP 的离散程度。然而，数字化也显著优化了行业资源配置。

4. 经济模式创新

数字经济影响经济模式创新。郭美晨等强调了数字化技术对提升生产力和创新能力的重要作用，指出数字化技术的发展不仅提高了生产力，还促进了更高水平的创新，描绘了数字化在推动经济高质量发展中的双重角色。张永恒和王家庭研究表明，数字经济发展对要素错配水平有改善作用，从侧面说明了数字经济在推动经济模式创新及其对 TFP 的积极影响。胡德龙等指出，数字经济通过提高企业创新能力和技术创新质量，促进了技术进步；同时，通过实现规模经济和范围经济，以及优化资源配置效率，创新了企业的经营和生产模式。杨汝岱等研究表明，企业的数字化投入能显著提高生产率，尤其是通过优化资源配置和降低管理成本，同时产业链上游的数字化发展通过溢出效应提升了下游企业的生产率，表现在管理费用的降低和存货周转率的提高。

（三）非积极影响

尽管绝大多数研究强调了数字经济对 TFP 的积极影响，但也存在一些研究指出所谓的"生产率悖论"，即信息通信技术产业的快速发展并未显著提升 TFP。例如，Solow 在 1987 年就质疑了计算机技术对 TFP 的显著提升作用。此外，一些研究如许宪春等发现，尽管数字经济展现出高速发展态势，但并未带来 TFP 水平的显著提升。段博与邵传林分析了数字经济在促进区域互补性和地方市场作用方面的潜力，表明数字经济可以帮助优化区域间资源分配和促进区域聚集。同时指出，现有的区域保护政策和户籍制度等不合理因素可能限制要素在区域之间的自由流通，造成区域差异增大和不公平分布加剧。谢莉娟认为信息通信技术产业只有在互联网普及率达到一定门槛后才能有效提升 TFP，而过高的普及率反而可能抑制 TFP 的提升。

综上所述，数字经济对全要素生产率的影响机制主要体现在提升创新和技术效率、重构生产网络和产业升级、促进区域发展和资源整合，以及推动经济模式创新等方面。然而，也存在一些研究质疑数字经济的实际效益，指出其在某些情况下并未显著提升 TFP，甚至可能带来负面影响。这表明，数字经济的影响是复杂的，需要进一步的研究和实践探索来全面理解其作用。

二、数字经济对 New TFP 的影响

在新质生产力概念提出以后，在这一两年内对数字经济与新质生产力之间关系的研究中得到了广泛的关注和深入的探讨，尤其是 2024 年。通过对罗爽等、姚树洁等、张夏恒等、卢鹏、翟云等、张森等、周文等学者的研究成果进行综合分析，可以清晰地看到数字经济对新质生产力发展的多维度影响。

数字经济核心产业的集聚能够通过科学技术突破、生产要素配置和产业结构升级等中介机制，对新质生产力产生显著的正向影响。罗爽等的研究通过建立中介机制模型，运用 2013—2022 年中国 286 个地级及以上城市面板数据，验证了这一点。数字经济不仅推动了科技创新，还通过制度优化和要素协同促进了新质生产力的发展。姚树洁等详细阐述了数字经济和新质生产力的特征，指出科技创新、制度优化和要素协同在其中的作用。此外，数据要素的融合在数字经济中发挥了关键作用，通过与传统生产要素（如资本、技术、劳动力等）的结合，促进了新产业、新模式和新动能的生成，从而提升了生产力。张夏恒等揭示了这一融合带来的内在乘数效应和对经济形态的塑造。卢鹏则探讨了国家治理的数字化转型、产业数字化与数字产业化的协同推进对全要素生产率提升的影响，指出数实融合不仅改变了生产力的形态，还推动了新经济形态的发展。在理解新质生产力涌现与发展的过程中，

技术革新、社会逻辑和关键事件三者的作用不可忽视。翟云等通过建立和应用"动力—要素—结构"框架，从一个新的视角出发，肯定了这些因素在数字化转型背景下的核心作用。通过构建包括需求侧、供给侧和环境侧的三维分析框架，数字经济赋能新质生产力的方式也得到了系统性探索。张森等发现，数字经济通过扩大市场需求、优化资源供给和改善创新环境，提升了颠覆性技术创新和推动战略性新兴产业的发展。张夏恒进一步分析了数字经济如何通过技术创新、管理创新和模式创新，加速新质生产力的生成，探讨了数字基础设施、数字管理经验和数字生产模式对社会再生产各环节的影响，最终得出数字经济能有效促进新质生产力生成，特别是通过促进技术创新、优化资源分配和提高效率。数字经济通过信息技术、人工智能和大数据等的集成，成为了推动经济增长的新引擎。周文等指出，数据作为新生产要素，可以赋能传统生产力的改造和升级，为新质生产力的形成提供了坚实的平台和动力。

根据上述研究可得出，数字经济通过技术创新与突破、要素配置与协同、产业结构升级与数实融合、市场需求、资源供给与创新环境，以及数字基础设施与管理模式创新等五个方面的机制，有效赋能新质生产力的发展，推动了经济的高质量发展和持续创新。

（一）技术创新与突破

数字经济通过推动科学技术的突破和创新，显著提升了生产效率和创新能力，进而促进了产业升级和新质生产力的发展。信息技术、人工智能、大数据等先进技术的集成，使数字经济成为推动经济增长的新引擎。这些技术的应用不仅在各行业中提升了生产效率和创新能力，还为新质生产力的发展提供了强大的动力和支撑。具体而言，信息技术的进步使得数据的收集、处理和分析能力大幅提升，企业可以利用这些数据进行精准的市场分析、客户需求预测及生产流程优化，从而提高运营效率和市场竞争力。人工智能技术则通过机器学习和深度学习等方法，使得企业能够开发出更加智能化的产品和服务，例如，在制造业中，人工智能用于设备故障预测和维护、生产线自动化控制等，从而提高生产效率和产品质量。在服务业，人工智能广泛应用于智能客服系统和个性化推荐系统，提升了客户体验和满意度。此外，大数据技术的广泛应用也为企业发现潜在的市场机会和风险提供了依据，使其能够制定更为科学的经营策略。通过这些技术的综合应用，数字经济不仅促进了传统产业的转型升级，还催生了新兴产业和新商业模式，为经济的持续增长和新质生产力的发展奠定了坚实的基础。

（二）要素配置与协同

数字经济优化了生产要素的配置，使资本、技术和劳动力等要素能够更加高效地结合和利用。通过要素协同作用，特别是数据与传统生产要素的融合，数字经济发挥了内在乘数效应，促进了新产业、新模式和新动能的生成。这种优化配置和协同作用，不仅提升了资源的使用效率，还增强了经济的整体竞争力。例如，数字经济利用大数据分析、云计算和互联网技术，使得企业能够实时获取和分析市场需求、生产进度及资源分配情况，从而实现生产要素的精准投放和高效利用。在这种情况下，资本可以迅速流动到最需要的地方，技术可以快速应用于最适合的领域，劳动力可以被灵活配置到最有效的岗位。尤其是数据作为新的生产要素，与资本、技术和劳动力的深度融合，创造了更多的经济价值。数据驱动的生产模式不仅提高了企业的生产效率，还降低了运营成本，提升了产品和服务的质量。通过这些方式，数字经济促进了新兴产业和新商业模式的形成，使得经济体系更加具有活力和竞争力，推动了整体经济的持续发展和转型升级。

（三）产业结构升级与数实融合

通过推动产业结构升级和数实融合，数字经济显著改变了生产力的形态，促进了传统产业向高附加值产业的转型，形成了新的经济形态。国家治理的数字化转型、产业数字化与数字产业化的协同推进，显著提升了全要素生产率。数实融合使得数字技术和实体经济深度融合，推动了产业结构的优化和升级。例如，传统制造业通过引入智能制造技术，实现了生产线的自动化和智能化，提升了生产效率和产品质量。服务业也通过数字化转型，提供了更多个性化和高效的服务，增强了市场竞争力。与此同时，国家在治理方面的数字化转型，通过大数据、物联网和人工智能技术的应用，实现了城市管理的智能化和精细化，提高了公共服务的质量和效率。此外，产业数字化使得企业能够更加灵活地响应市场需求，快速调整生产和运营策略，而数字产业化的发展则带动了信息技术服务业、人工智能产业和大数据产业的壮大，这些新兴产业不仅自身快速成长，还为传统产业的数字化转型提供了技术支持和解决方案。总的来说，数字经济通过推动产业结构升级和数实融合，有效提升了经济的整体效益和竞争力，为实现高质量发展奠定了坚实的基础。

（四）市场需求、资源供给与创新环境

数字经济通过扩大市场需求、优化资源供给和改善创新环境，显著提升了新质生产力。市场需求的扩大推动了生产力的发展，数字平台的普及和电子商务的兴起，使企业能够更广泛地触达消费者，激发了更多的消费需求，进而促进了生产和服务的增长。资源供给的优化提高了效率，通过云计算、物联网和区块链等技术的应用，企业能够实现资源的动态调配和高效利用，减少浪费和降低成本，从而提高整体生产效率和竞争力。同时，创新环境的

179

改善则促进了颠覆性技术创新和战略性新兴产业的发展。政府政策支持、风险投资的活跃、创业孵化器和加速器的普及，营造了鼓励创新和容忍失败的文化氛围，激发了企业和产业的创新活力。此外，开放的数据共享平台和跨行业的协同创新机制，进一步促进了技术交流和资源共享，加速了创新成果的转化和应用。良好的创新环境不仅为企业提供了充足的资金、技术和市场支持，还推动了经济的持续增长和新质生产力的发展，使得经济体系更加具有活力和可持续性。

（五）数字基础设施与管理模式创新

数字经济通过构建和完善数字基础设施、积累数字管理经验和创新数字生产模式，深刻影响了社会再生产的各个环节（生产、分配、流通、消费）。完善的数字基础设施为经济活动的数字化转型提供了坚实基础，例如，高速宽带网络、5G 通信技术、数据中心和云计算平台的广泛部署，使得信息传输更加快速和可靠，为各类数字化应用提供了有力支持。在生产环节，数字基础设施和管理模式创新显著提升了生产效率和质量，智能制造系统和工业互联网的应用使得生产过程更加自动化和智能化，企业能够通过实时监控和数据分析，及时调整生产参数，优化生产流程，减少资源浪费和降低生产成本。在分配和流通环节，数字经济通过创新管理模式，优化了供应链和物流体系，供应链管理系统和电子商务平台的应用使得产品从生产到消费者手中的全过程更加高效和透明，企业可以通过供应链管理系统实时监控库存、预测需求，避免库存积压和缺货现象的发生，物流企业通过大数据分析和智能调度系统提高了物流配送的效率和准确性，缩短了产品的交付时间，提升了消费者的满意度。在消费环节，数字基础设施和管理模式创新改变了消费者的购物体验和消费习惯，电子商务平台和移动支付技术的普及使得消费者能够随时随地进行购物和支付，极大地方便了消费者的生活，数字化的消费数据也为企业提供了宝贵的市场洞察，帮助企业精准把握消费者需求，定制个性化的产品和服务，增强了市场竞争力。总体而言，数字经济通过构建和完善数字基础设施、积累数字管理经验和创新数字生产模式，有效提升了社会再生产各环节的效率和质量，促进了新质生产力的生成和发展。

第三节　数字经济对 New TFP 的影响效应测度

一、实证模型

为深入研究数字经济对与"新"全要素生产率的影响，本书构建如下回归模型：

$$Newqp_{it} = \alpha_0 + \alpha_1 digital_{it} + \alpha_2 control_{it} + u_{it} + \gamma_{it} + \varepsilon_{it}$$

在模型中，$Newqp_{it}$ 为被解释变量，代表省份 i 在 t 时期的新质生产力水平，$digital_{it}$ 代表省份 i 在 t 时期的数字经济发展程度，$control_{it}$ 为其他控制变量，u_{it} 表示省份（个体）固定效应，γ_{it} 表示时间（年份）固定效应，ε_{it} 为模型随机误差项。

二、变量选择

（一）核心解释变量

数字经济发展水平是本书的核心解释变量。参照王军等的研究，根据数字经济的内涵和现实背景，从条件、应用与环境三个方面全方位构建了数字经济指标体系。具体包括四个一级指标：数字经济发展载体、数字产业化、产业数字化及数字经济发展环境。同时设有九个二级指标：反映数字经济发展载体的传统基础设施和新型数字基础设施，体现数字产业化的产业规模和产业种类，反映产业数字化的农业数字化、工业数字化及服务业数字化，以及体现数字经济发展环境的治理环境和创新环境。此外，还根据科学性、层次性和数据的可获取性等原则，选取了 30 个具体测算变量。测算中，运用最小最大标准化法，进行指标无量纲化，运用熵权法确定各级指标权重，使用多重线性函数加权计算数字经济发展水平的指数。数值介于 0 到 1 之间，数值越大表示数字经济发展水平越高。

（二）核心被解释变量

新质生产力是本书的核心被解释变量，即"新"全要素生产率。借鉴卢江、郭子昂等学者的研究成果，对新质生产力的评价体系包括科技生产力、绿色生产力和数字生产力三个一级指标。对于科技生产力，从创新生产力和技术生产力两个方面进行衡量；绿色生产力则从资源节约型生产力和环境友好型生产力两个维度进行评估；数字生产力包括数字产业生产力和产业数字生产力两个层次。然后，参考黄国庆等的相关研究，遵循层次分析法的基本思路，通过对各指标差异性系数的比较，构建判断矩阵，计算熵值，并采用改进的熵权-TOPSIS 方法对新质生产力各层次的指标进行赋权和综合评价，最终得到全国及 30 个省（不含西藏、港澳台）的新质生产力发展水平。

（三）控制变量

为了准确评估数字经济对"新"全要素生产率的影响，本书选择了 7 个控制变量。这些变量的选择依据既包括相关文献的研究成果，也考虑了变量对新质生产力的潜在影响，以及理论上的合理性和数据的可获取性和可操作性。通过引入这些控制变量，能够更全面地考察数字经济对"新"全要素生产率的影响，控制其他可能影响新质生产力的因素，提高模型估计的精确性和可靠性。

1. 财政支出

财政支出是政府通过财政政策影响经济的重要手段，对地方经济发展和生产力提升具有直接和间接的影响。较高的财政支出可以促进基础设施建设、科技研发和公共服务水平的提升，从而推动生产力增长。本书采用财政一般预算支出占地区生产总值的比值来衡量。

2. 产业结构

产业结构反映了经济活动中各产业的相对重要性，不同的产业结构对生产力水平的影响不同。例如，第三产业（服务业）的发展通常伴随着高附加值和高生产力的特点。产业结构的优化和升级可以显著提高全要素生产率。衡量方式为采用第三产业增加值与第二产业增加值的比值作为衡量指标。

3. 人力资本水平

人力资本是生产力的重要组成部分，高素质的人力资本能够促进技术创新和生产效率的提升。教育水平是衡量人力资本的重要指标。衡量方式为采用高等学校在校生人数占总人口的比值来衡量人力资本水平。

4. 对外开放程度

对外开放程度反映了一个地区参与国际贸易和投资的程度。较高的对外开放水平有助于引进外资、技术和管理经验，提升生产效率和竞争力。衡量方式为采用货物进出口总额占地区生产总值的比值来衡量。

5. 税负水平

税负水平影响企业的经营成本和利润空间，从而影响其投资和生产决策。合理的税负可以激励企业创新和提高生产效率。衡量方式为采用税收收

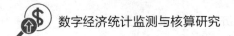

入占地区生产总值的比值来衡量。

6. 信息化水平

信息化水平反映了一个地区的信息技术应用和普及程度。较高的信息化水平可以促进信息的快速传递和共享，提高生产效率和资源配置效率。衡量方式为采用省份邮电业务总量占地区生产总值的比值来衡量。

7. 地区经济水平

地区经济水平直接反映了一个地区的经济发展状况。较高的经济水平通常伴随着更好的基础设施和更多的资源投入，从而有利于生产力的提高。衡量方式为采用人均地区生产总值来衡量。

2012—2022 年我国省际面板数据，涉及除香港、澳门、台湾和西藏外的30 个省份中字经济发展水平指标数据来源于王军等的研究结果，新质生产力水标数据来源于卢江等的研究，控制变量数据主要来源于中国统计年鉴、中国信息年鉴、中国信息产业年鉴、各省份统计年鉴，以及国家统计局官网以及相关研究报告等。对数据采用插值法或类推法补充，对部分指标进行比重测算，并对所有连续变量在 1%以下和 99%以上进行缩尾处理，以消除离群值对回归结果的影响。

三、证分析与结果解释

（一）描述性统计与相关性分析

表 5-1 报告了主要变量的描述性统计。数字经济发展水平指标的最小值为 0.025，最大值为 0.475，说明不同省份的数字经济发展程度差距较大，省际间数字经济的发展水平存在显著的不均衡性。数字经济作为现代经济的重要组成部分，其发展水平的差异不仅反映了各地区在信息技术基础设施、数字化应用及相关政策环境方面的差距，也对各省的整体经济竞争力和生产力

提升产生重要影响。新质生产力水平的描述性统计数据显示，其最小值为0.029，最大值为0.83，表明不同省份之间的新质生产力水平也存在巨大差异，反映了各地区在创新能力、资源利用效率、环境友好型生产方式以及数字技术应用方面的不同。

在数字经济大力发展环境下，有必要缩小各省份之间的新质生产力水平差距。数字经济的发展不仅能够提升整体经济效率，还能通过信息技术的广泛应用促进科技创新、优化资源配置和改善生产方式。为了实现区域经济的协调发展，应加强对落后地区的支持，推动数字基础设施建设，提高数字经济应用水平，进而提升这些地区的新质生产力。同时，制定和实施有效的政策措施，促进地区间资源、技术和人才的流动，鼓励创新创业活动，提升整体经济的可持续发展能力。表5-1中的数据提示，在推动数字经济和新质生产力发展的过程中，应注重区域间的协调发展，避免数字鸿沟和经济发展不平衡的加剧。通过政策引导和资源配置优化，促进各省份在数字经济和新质生产力方面共同进步，实现经济高质量发展和社会全面进步。

表5-1　描述性统计

变量	样本数	平均值	标准差	最小值	最大值
Newqp	330	0.204	0.181	0.029	0.83
digital	330	0.127	0.098	0.025	0.475
fiscal	330	0.253	0.103	0.119	0.627
edu	330	0.021	0.006	0.01	0.039
open	330	0.242	0.267	0.002	1.253
tax	330	0.08	0.029	0.041	0.191
Inf	330	0.063	0.056	0.017	0.278
gdp	330	6.238	2.998	2.227	17.362
Indus	330	1.122	0.623	0.518	4.237

数字经济统计监测与核算研究

为了确定各变量之间的关系，本书进行了相关性分析。根据表 5-2 的结果，被解释变量新质生产力与解释变量数字经济发展水平之间的相关系数为0.854，并且在 1%水平上显著，这表明数字经济与新质生产力之间存在显著的正向关系。这意味着随着数字经济的发展，省份的新质生产力水平也相应提高，进一步验证了数字经济在推动科技创新、资源优化配置和提升生产效率方面的重要作用。

为了确保模型的可靠性，本书还进行了多重共线性分析。多重共线性会导致回归模型中解释变量之间高度相关，从而影响模型的估计结果准确性。为了检测多重共线性，本书计算了方差膨胀因子。根据表 5-3 的结果，所有解释变量的 VIF 值均小于 10，具体的平均 VIF 值为 1.57。这表明模型中不存在严重的多重共线性问题，解释变量之间的相关性不会对回归结果产生显著的影响，从而保证了模型估计的稳健性和可靠性。

表 5-2　相关性分析表

	Newqp	digital	fiscal	edu	open	tax	Inf	gdp	Indus
Newqp	1								
digital	0.854***	1							
fiscal	−0.557***	−0.542***	1						
edu	0.021	0.191***	−0.376***	1					
open	0.662***	0.610***	−0.395***	0.130**	1				
tax	0.308***	0.313***	0.045	−0.009	0.732***	1			
Inf	−0.046	0.073	0.230***	−0.012	−0.066	−0.049	1		
gdp	0.544***	0.747***	−0.426***	0.489***	0.584***	0.412***	−0.038	1	
Indus	−0.070	−0.070	0.175***	−0.092*	0.000	0.075	0.039	−0.054	1

注：*** $p<0.01$，** $p<0.05$，* $p<0.1$

表 5-3　多重共线性分析

变量	VIF	1/VIF
Open	4.08	0.245
Gdp	3.84	0.261

续表

变量	VIF	1/VIF
Digital	3.74	0.268
Tax	3.19	0.314
Fiscal	2.46	0.406
Edu	1.80	0.556
inf	1.21	0.829
indus	1.04	0.963
Mean VIF	2.67	

（二）数字经济对 New TFP 的影响分析

考虑不同地区存在差异，在回归分析之前，本书进行了 Hausman 检验。Hausman 检验用于选择固定效应模型或随机效应模型。检验结果强烈拒绝了原假设（即随机效应模型为适用模型），因此本书选用固定效应模型来控制省份和时间的个体效应，以更准确地估计数字经济对 New TFP 的影响。

在回归分析中，首先采用普通最小二乘法对模型进行初步检验，以评估数字经济发展对新质生产力的影响。表 5-4 中第（1）列的回归结果显示，在未加入任何控制变量和固定效应的情况下，数字经济发展的回归系数为 1.584，并且在 1% 的显著性水平上显著。这表明数字经济发展与新质生产力之间存在显著的正相关关系，进一步验证了相关性分析的结论，即数字经济的提升能够有效促进新质生产力的增长。为了控制整体经济环境的影响，第（2）列的回归模型中加入了时间固定效应。结果显示，数字经济发展的回归系数仍然显著为正，说明无论在何种时间背景下，数字经济发展对新质生产力都有积极的促进作用。这一结果强调了数字经济作为一种普遍性驱动力量，对各个时期的新质生产力提升都有显著影响。进一步地，第（3）列在第（2）列的基础上，加入了多个控制变量，包括财政支出、产业结构、人力资本水平、对外开放程度、税负水平、信息化水平和地区经济水平，并进一步控制了个体效应。即使在考虑了这些控制变量之后，数字经济发展的回归系数仍在1%的显著性水平上显著。这一结果表明，即使在控制了影响新质生产力的其他关键因素后，数字经济发展依然是促进新质生产力的重要因素。

表 5-4 基准回归结果

	（1）	（2）	（3）
digital	1.584*** （18.570）	1.737*** （20.045）	0.242*** （3.494）
控制变量	未控制	未控制	控制
年份固定效应	未控制	控制	控制
省份固定效应	未控制	未控制	控制
N	330	330	330
R^2	0.729	0.792	0.973

综上所述，通过固定效应模型和普通最小二乘法的回归分析，结果一致显示数字经济发展对新质生产力具有显著的正向影响。这不仅验证了相关性分析的结论，也进一步说明数字经济的提升在推动科技创新、优化资源配置和提高生产效率方面发挥了重要作用。

1. 内生性检验

为解决内生性问题，本书借鉴黄群慧等的方法，采用各省份在 1984 年的邮局数据作为数字经济发展综合指数的工具变量。内生性问题是指模型中的解释变量与误差项存在相关性，从而导致估计结果的偏差。为了确保模型估计的有效性和准确性，需要找到一个合理的工具变量。工具变量需要满足两个条件：一是与内生解释变量高度相关，二是与误差项无关。选用的工具变量原始数据为横截面数据形式，不能直接用于面板数据的计量分析。因此，引入了一个随时间变化的变量来构造面板工具变量。具体来说，将上一年的互联网普及率与 1984 年各省份的邮局数据构造交互项，作为该年省份数字经济指数的工具变量。互联网普及率反映了当年的数字化进程，而 1984 年的邮局数据则代表了历史上通信基础设施的水平，两者的交互项能够捕捉数字经济发展的变化，同时满足工具变量的相关性和外生性要求。结果显示，所选工具变量通过了弱工具变量检验和可识别检验。弱工具变量检验的目的是确认工具变量与内生解释变量的相关性是否足够强；可识别检验则用于验证工具变量的外生性。通过这两项检验，说明所选择的工具变量是合理且有效的。

表 5-5 展示了使用工具变量进行回归分析的结果。在考虑内生性之后，数字经济发展对新质生产力的促进作用依然显著。具体回归结果显示，工具变量的回归系数显著为正，进一步验证了数字经济在促进科技创新、优化资源配置和提高生产效率方面的积极作用。这表明，即使在解决了内生性问题后，数字经济发展仍然是提升新质生产力的重要因素。

表 5-5　工具变量回归结果

变量	（1） first digital	（2） second Newqp
Post*L.Internet	0.036* （1.869）	
digital		1.212* （1.834）
控制变量	控制	控制
N	300	300
年份效应	控制	控制
个体效应	控制	控制

2. 稳健性检验

参考王珏、王荣基的做法，根据对新质生产力内涵的界定，分别从劳动者、劳动对象和生产资料三大维度构建新质生产力综合评价指标体系，重新计算其对新质生产力的影响。表 5-6 展示了替换解释变量和替换被解释变量后的回归结果。结果显示，新的回归系数依然显著，并且方向和大小与基准回归结果一致，说明基准回归结果具有稳健性，即使在改变评价指标体系的情况下，数字经济对新质生产力的促进作用依然显著，进一步验证了研究结论的可靠性和有效性。

表 5-6　稳健性检验结果

	（1） Newqp	（2） new_quality
digital	0.062*** （3.598）	
digital1		0.178*** （3.340）
控制变量	控制	控制
年份固定效应	控制	控制
省份固定效应	控制	控制
N	330	330
R^2	0.973	0.931

3. 异质性检验

本书将样本划分为东部和中西部地区，采用分组回归法予以考察数字经济发展对新质生产力的影响。通过这种分组分析，可以更细致地了解不同地区之间数字经济对新质生产力的异质性影响。结果发现，对于中西部地区而言，数字经济发展对新质生产力的影响并不显著。而在东部地区，数字经济发展对新质生产力的影响显著为正。这种差异可以从以下几个方面进行解释：东部地区由于经济起步较早，基础设施建设更为完善。东部地区拥有较为成熟的高速互联网、数据中心等关键数字经济基础设施，这些设施是数字经济快速发展的必要条件。完善的基础设施不仅有助于提高信息传递效率，还能促进数字技术在各行业的应用，从而提升整体生产力。东部地区的经济结构更加多元化，制造业和服务业发达，为数字经济提供了丰富的应用场景和广阔的市场空间。发达的制造业可以通过数字化改造提升生产效率和产品质量，而服务业则可以通过数字技术提高服务水平和用户体验。这些因素共同促进了东部地区新质生产力的显著提升。相比之下，中西部地区在基础设施方面相对落后。这些地区的互联网覆盖率较低，数据中心建设不足，限制了数字技术的普及和应用。此外，中西部地区的产业结构相对单一，主要以传统农业和初级制造业为主，缺乏与数字经济深度融合的产业基础。这使得数字经济在中西部地区的应用场景和市场潜力相对有限，从而导致其对新质生产力的推动作用不显著。区域政策和资源分配的不平衡也是导致异质性结果的重要原因。东部地区在政策支持和资金投入方面占据优势，政府在推动数字经济发展方面采取了更多积极措施，如加大对创新创业的支持力度，促进高新技术企业的发展。而中西部地区由于经济发展水平较低，政策和资金支持相对不足，这也限制了数字经济对新质生产力的提升作用。

表 5-7　异质性检验结果

	东部	中西部
	（1）	（2）
	Newqp	Newqp
digital	0.299***	0.177
	(3.742)	(1.496)
	（1）	（2）
	Newqp	Newqp
控制变量	控制	控制
时间固定效应	控制	控制
省份固定效应	控制	控制
N	121	209
R^2	0.989	0.775

第四节　结论与启示

一、主要研究结论

（一）数字经济显著提升新质生产力

实证分析结果显示，数字经济发展水平与新质生产力之间存在显著的正相关关系，表明数字经济的发展能够有效促进新质生产力的提升。具体而言，数字经济通过推动信息技术基础设施建设、促进数字化应用、优化政策环境等方式，提升了新质生产力的水平。这一结论在多重检验（包括内生性检验、稳健性检验和异质性检验）中得到了一致验证，显示了数字经济对科技创新、资源配置优化和生产效率提高的积极作用。通过这些检验，研究确认了数字经济在推动科技进步、改进生产流程、提升管理效率等方面的重要作用，从而有效地提高了新质生产力。

（二）区域差异显著

数字经济对新质生产力的影响在不同地区表现出显著的异质性。具体而言，东部地区由于经济起步早、基础设施完善、产业结构多元化，数字经济对新质生产力的提升作用显著。东部地区在信息技术基础设施、数字化应用普及，以及政策支持力度上都具有显著优势，这些因素共同作用，使得数字经济在这些地区发挥了更为重要的作用，促进了新质生产力的快速提升。相比之下，中西部地区由于基础设施相对落后、产业结构单一，数字经济的推动作用不明显。这些地区在互联网覆盖率、数据中心建设，以及政策支持方面存在较大差距，限制了数字技术的普及和应用，从而导致数字经济对新质生产力的提升作用有限。这种区域差异表明，不同地区在数字经济发展中需要针对性地制定政策，缩小区域间差距，提升整体新质生产力水平。

（三）多维度影响机制

数字经济通过多种途径促进新质生产力，包括科技创新与突破、要素配置与协同、产业结构升级与数实融合、市场需求和资源供给优化及创新环境的改善。这些机制共同作用，推动了新质生产力的形成和发展。数字经济通过推动信息技术、人工智能、大数据等先进技术的突破和创新，显著提升了生产效率和创新能力。科技创新作为新质生产力的重要组成部分，通过技术进步和创新应用，推动了全要素生产率的提升。通过要素配置与协同作用，特别是数据与传统生产要素的融合，数字经济发挥了内在乘数效应，促进了新产业、新模式和新动能的生成。数字经济优化了资本、技术和劳动力等要素的配置，提高了资源的使用效率。数字经济推动了产业结构升级和数实融合，使得传统产业向高附加值产业转型，形成了新的经济形态。通过数字技术与实体经济的深度融合，促进了产业结构的优化和升级，提升了整体经济的竞争力。通过扩大市场需求、优化资源供给和改善创新环境，数字经济提升了新质生产力。数字平台的普及和电子商务的兴起，使得市场需求不断扩大，同时，资源供给的优化和创新环境的改善，为企业创新和技术进步提供了有力支持，进一步推动了新质生产力的发展。

二、政策启示

（一）加大数字基础设施建设投入

特别是在中西部地区，应加大对高速互联网、数据中心等关键数字基础设施的投资，缩小区域间数字鸿沟，为数字经济的发展提供坚实基础。这些基础设施是数字经济快速发展的必要条件，能够显著提高信息传递效率和数据处理能力。政府应制定专项资金和政策，优先发展中西部地区的网络基础设施建设，确保这些地区的居民和企业能够享受到高速稳定的互联网服务。同时，政府还应鼓励公共和私营部门的合作，共同推进数据中心、云计算平台和物联网基础设施的建设，通过政策激励和财政补贴吸引更多企业参与中西部地区的数字基础设施建设，进一步提升这些地区的数字化水平。

（二）支持产业数字化转型

鼓励传统产业通过数字化改造提升生产效率和产品质量，推动制造业和服务业的数字化转型。政府可以提供财政支持和技术指导，帮助企业实施数字化转型项目。具体措施包括设立专项资金，支持企业引进和应用先进的数字技术，如人工智能、大数据分析、物联网和区块链技术。政府还应建立技术服务平台，提供技术咨询和培训服务，帮助企业识别和解决数字化转型中的技术难题。通过政策引导，鼓励企业在生产过程中引入智能制造系统，提升生产自动化和信息化水平，同时推动服务业通过数字化手段提高服务质量和客户体验，促进全行业的数字化升级。

（三）促进区域协调发展

通过政策引导和资源配置优化，促进区域间的协调发展。对落后地区应提供更多的政策支持和资金投入，帮助其提升数字经济发展水平，进而缩小新质生产力水平的差距。政府可以制定区域协调发展政策，设立专门的区域发展基金，重点支持中西部地区的基础设施建设和产业发展。同时，鼓励东部发达地区与中西部地区建立合作机制，通过产业转移、技术合作和人才交流等方式，帮助中西部地区提升技术水平和管理能力。此外，应完善区域间的资源共享和协同机制，促进各地区在数字经济和新质生产力方面的共同发展，实现全国范围内的经济高质量增长。

（四）加强科技创新能力建设

大力支持科技研发和创新，构建良好的创新环境。推动科技与经济深度融合，通过技术创新提升新质生产力。政府应加大对基础研究和应用研究的投入，鼓励高校、科研机构和企业开展合作研究，推动关键技术的突破和创新成果的转化。建立健全科技创新激励机制，通过税收优惠、研发补贴和创新奖项等方式，激发企业和科研人员的创新活力。同时，政府应完善知识产权保护制度，保障创新成果的合法权益，促进科技创新的可持续发展。通过打造创新创业生态系统，支持科技型中小企业的发展，推动新兴产业的快速成长，进一步提升新质生产力水平。

（五）优化人才培养与引进机制

完善高等教育和职业培训体系，培养适应数字经济发展的高素质人才。同时，制定更为开放的人才引进政策，吸引国际优秀人才为数字经济和新质生产力发展服务。政府应优化教育资源配置，推动高校和职业培训机构设置与数字经济相关的专业和课程，培养具备数字技能和创新能力的专业人才。加强校企合作，推动产教融合，通过实习、培训和联合项目等形式，提高学生的实践能力和就业竞争力。此外，政府应实施积极的人才引进政策，简化国际人才的签证和居留手续，提供住房、医疗和子女教育等配套服务，吸引更多国际优秀人才来华工作和创业，为数字经济和新质生产力的发展注入新的活力。通过建立全球人才网络和创新平台，促进国际科技交流与合作，提升我国在全球科技创新领域的竞争力。

三、研究不足与未来展望

（一）研究不足

1. 数据限制

本书的数据主要来源于公开统计数据，虽然这些数据在一定程度上可以反映数字经济的发展情况和全要素生产率的变化，但仍可能存在一定的局限性。公开统计数据的及时性可能不足，导致研究结果可能无法反映最新的经济和技术发展动态。公开数据的准确性和完整性可能存在问题，如部分数据缺失或统计口径不一致，这可能影响研究结论的可靠性和准确性。为了克服这些限制，未来的研究可以通过实地调研和企业访谈等方式获取更多的第一手数据，从而更全面和深入地了解数字经济对全要素生产率的具体影响。这些第一手数据可以包括企业的生产经营数据、技术应用情况、员工技能水平等，能够为研究提供更为详实和具体的支撑。

2. 模型局限

本书采用的计量模型虽然能够在一定程度上揭示数字经济对全要素生产率的影响，但由于经济活动的复杂性和多样性，单一模型可能无法完全捕捉数字经济对全要素生产率影响的所有复杂机制。数字经济涉及技术创新、市场竞争、政策环境等多方面因素，这些因素之间可能存在复杂的交互作用和动态变化，仅依靠现有的计量模型难以全面揭示其内在机理。未来的研究可以尝试采用更为复杂和精细的模型进行分析，如动态面板数据模型、结构方程模型等，以更好地刻画数字经济对全要素生产率的多层次、多维度影响。此外，未来研究还可以结合质性分析方法，如案例研究、专家访谈等，深入挖掘数字经济影响全要素生产率的具体路径和机制，从而提高研究结论的科学性和适用性。通过综合运用多种研究方法，可以更全面和准确地理解数字经济对全要素生产率的影响，为政策制定提供更为有效的理论支持和实证依据。

（二）未来研究展望

1. 扩展数据时间跨度

研究应通过收集更长时间跨度的数据，来观察数字经济与新质生产力之间的长期动态关系。这不仅可以提高结论的稳健性和可信度，还可以揭示更为细致的时间序列特征和阶段性变化。通过更长时间跨度的数据，研究者能够更全面地捕捉数字经济的发展趋势，以及其对新质生产力的持续影响。这将有助于识别长期效应和潜在的周期性波动，从而为政策制定提供更为坚实的理论依据。此外，尽量获取更高频率的数据，以便进行更加细化的时间序列分析，捕捉短期波动和周期性影响，从而提供更丰富的实证证据。例如，每季度或每月的数据可以帮助研究者分析数字经济与新质生产力之间的短期动态关系，识别季节性或突发性因素的影响。通过这样的数据扩展和细化，研究将能够更全面地理解数字经济在不同时间维度上的表现及其对新质生产力的多层次影响。

2. 完善指标体系

研究可以引入更多的影响因素和评价维度，以提高模型的准确性和适用性。例如，可以增加与社会发展和人力资本相关的指标，反映更全面的经济发展水平。具体而言，可以考虑加入教育水平、医疗保障、社会保障等反映社会发展的指标，来综合评估社会进步对新质生产力的影响。此外，也可以引入环境、社会和治理（ESG）方面的指标，评估可持续发展的情况。ESG指标可以包括环境保护、资源使用效率、社会责任、公司治理等维度，通过这些指标，可以更全面地评价数字经济对可持续发展的贡献。采用更加先进的统计方法和数据处理技术，如机器学习和大数据分析，可以提高指标体系的精度和预测能力。机器学习算法可以帮助识别数据中的复杂模式和潜在关系，而大数据分析可以处理更大规模的数据集，提供更细致的分析结果。通过引入这些新技术和方法，研究将能够更准确地揭示数字经济对新质生产力的影响机制，并提供更为可靠的政策建议。

3. 细化区域分析

可以进行更细化的区域分析，如省级或市级分析，以探讨更具体的区域差异和政策效果。通过细化区域划分，可以更加准确地识别不同地区的特征和需求，制定更有针对性的政策。例如，在省级分析中，可以比较不同省份在数字经济发展中的优势和不足，针对性地提出政策建议。在市级分析中，可以深入研究城市与乡村之间的数字经济发展差异，提出更具针对性的区域发展策略。此外，还可以考虑城市和农村之间的差异，研究数字经济在不同类型区域的影响，从而全面了解数字经济发展的不平衡问题，并提出相应的解决方案。例如，城市地区通常具备更好的基础设施和技术支持，而农村地区可能面临更多的挑战。通过分析这些差异，政府和政策制定者可以制定更加精细化和有效的政策，促进城乡间的协调发展，缩小数字鸿沟，推动整体经济的均衡发展。细化的区域分析将有助于实现更精准的政策干预，从而提升数字经济对新质生产力的整体推动作用。

4. 引入案例研究

可以通过具体的案例研究，展示数字经济如何具体推动新质生产力的提升，从而增强研究的实操性和指导性。案例研究可以选取不同地区、不同行业和不同规模的企业，通过深入剖析数字经济在这些具体场景中的应用，揭示其对生产力提升的实际影响。这不仅有助于验证研究结论，还可以为政策制定者和企业管理者提供具体的参考和借鉴。通过对成功案例和失败案例的比较分析，可以总结出数字经济应用中的最佳实践和潜在问题，提出更加有效的政策建议和实施策略。例如，研究成功企业如何利用大数据优化生产流程，提高资源配置效率，或分析失败案例中数字化转型过程中遇到的挑战和瓶颈，并探讨如何克服这些问题。通过具体的案例研究，能够更生动地展示数字经济对新质生产力的实际影响，增强研究的实用性和指导性，为相关政策和企业决策提供经验和教训。

5. 动态分析

未来研究应采用动态面板数据模型，分析数字经济发展对全要素生产率的长期影响和动态变化。通过动态模型，可以捕捉数字经济对全要素生产率影响的时间效应，揭示其长期效应和路径。这将有助于理解数字经济发展过程中各阶段的不同特点和作用机制，识别出长期影响因素，为政策制定提供更为准确的依据。此外，动态分析还可以帮助预测未来数字经济的发展趋势和对全要素生产率的潜在影响，指导经济发展的长期规划。例如，通过分析不同时间段的数据，可以识别数字经济在早期发展、中期扩展和成熟阶段对生产力的不同影响，帮助制定针对性的政策措施，确保数字经济的持续健康发展。

6. 国际比较

研究应将中国的数字经济发展与其他国家进行比较，分析不同国家在数字经济发展中的经验和教训。这种比较研究可以揭示出各国在数字经济政策、技术应用和产业发展等方面的成功做法和不足之处，为中国的数字经济发展提供有益的借鉴。通过分析全球范围内的数字经济发展经验，可以帮助中国更好地理解自身在数字经济领域的优势和劣势，优化发展战略，提升国际竞争力。例如，可以研究发达国家在数字基础设施建设、法律法规制定和市场监管方面的先进经验，借鉴其成功做法；同时，分析发展中国家在数字

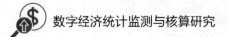

经济推广中的挑战和应对措施，避免类似问题的发生。国际比较研究还可以促进国际间的经验交流和合作，共同推动全球数字经济的繁荣发展，增强全球经济的互联互通和共同进步。通过与国际社会的互动与合作，中国可以更好地融入全球数字经济体系，提升自身的国际竞争力和影响力。

参考文献

[1] 青木昌彦，安藤晴彦. 模块时代：新产业结构的本质［M］. 上海：上海
    远东出版社，2003.

[2] 裴长洪，倪江飞，李越. 数字经济的政治经济学分析［J］. 财贸经济，
    2018，39（9）：5-22.

[3] 赵敏，王金秋. 数字技术与当代生产方式新变化问题研究［J］. 政治经
    济学评论，2022（13）：102-117.

[4] 张于喆. 数字经济驱动产业结构向中高端迈进的发展思路与主要任务
    ［J］. 经济纵横，2018（9）：85-91.

[5] 陈昭，陈钊泳，谭伟杰. 数字经济促进经济高质量发展的机制分析及其
    效应［J］. 广东财经大学学报，2022（3）：4-20.

[6] 任保平，何厚聪. 数字经济赋能高质量发展：理论逻辑，路径选择与政
    策取向［J］. 财经科学，2022（4）：61-75.

[7] 孙勇，张思慧，赵腾宇，等. 数字技术创新对产业结构升级的影响及其
    空间效应——以长江经济带为例［J］. 软科学，2022（7）：49-64.

[8] 王永洁. 数字化领域国际发展合作与中国路径研究［J］. 国际经济评论，
    2022（3）：102-124.

[9] 蔡跃洲. 数字经济的增加值及贡献度测算：历史沿革，理论基础与方法框架 [J]. 求是学刊，2018，45（5）：65-71.

[10] 秦海林. 2020 中国数字经济发展指数（DEDI）发布 [J]. 互联网经济，2020（9）：12-19.

[11] 陈岳飞，肖克，张海汝，等. 中国数字经济结构发展协同度研究 [J]. 学习与探索，2021（8）：121-129.

[12] 许宪春，张美慧. 中国数字经济规模测算研究——基于国际比较的视角 [J]. 中国工业经济，2020（5）：23-41.

[13] 沈奎. 关于数字经济发展的几个理论问题 [J]. 南方经济，2021（10）：1-3.

[14] 陈收，蒲石，方颖，等. 数字经济的新规律 [J]. 管理科学学报，2021（8）：36-47.

[15] 陈晓红，李杨扬，宋丽洁，等. 数字经济理论体系与研究展望 [J]. 管理世界，2022，38（2）：208-224.

[16] 张文魁. 数字经济的内生特性与产业组织 [J]. 管理世界，2022（7）：79-90.

[17] 孙毅，李欣芮，洪永淼，等. 基于高质量发展的数字经济监测评估体系构建——以北京市全球数字经济标杆城市建设为例 [J]. 中国科学院院刊，2022，37（6）：812-824.

[18] 许宪春，胡亚茹，张美慧. 数字经济增长测算与数据生产要素统计核算问题研究 [J]. 中国科学院院刊，2022，37（10）：1410-1417.

[19] 杜秦川. 完善统计监测指标促进数字经济平稳高质量发展[J]. 宏观经济管理，2023（7）：10-18.

[20] 平卫英，罗良清. 分享经济统计核算：一个初步的研究框架 [J]. 统计研究，2018，35（9）：3-15.

［21］许宪春，张美慧. 中国数字经济规模测算研究——基于国际比较的视角
[J]. 中国工业经济，2020（5）：23-41.

［22］韩兆安，赵景峰，吴海珍. 中国省际数字经济规模测算、非均衡性与
地区差异研究［J］. 数量经济技术经济研究，2021，38（8）：164-181.

［23］鲜祖德，王天琪. 中国数字经济核心产业规模测算与预测［J］. 统计研
究，2022，39（1）：4-14.

［24］苏屹，支鹏飞，郭秀芳. 区域数字经济规模测算及其对区域创新的影
响［J］. 科研管理，2023，44（9）：29-38.

［25］李海霞，周国富. 中国数字经济核心产业规模再测算研究［J］. 统计与
信息论坛，2024，39（1）：3-15.

［26］续继，唐琦. 数字经济与国民经济核算文献评述[J]. 经济学动态，2019
（10）：117-131.

［27］张红霞. 生产网络视角下中国数字经济规模及其结构——基于时序投
入产出表的实证研究［J］. 中国人民大学学报，2022，36（3）：76-91.

［28］贺铿. 关于信息产业和信息产业投入产出表的编制方法[J]. 数量经济
技术经济研究，1989（2）：34-40＋33.

［29］康铁祥. 中国数字经济规模测算研究[J]. 当代财经，2008(3)：118-121.

［30］向书坚，吴文君. 中国数字经济卫星账户框架设计研究[J]. 统计研究，
2019，36（10）：3-16.

［31］李洁，张天顶. 投入产出分析与中国数字经济规模的测量［J］. 当代经
济管理，2021，43（10）：66-73.

［32］张少华，朱雪冰，陈鑫. 中国数字经济产业链的规模测度与循环研究
［J］. 数量经济技术经济研究，2024，41（3）：5-24.

［33］张天顶，魏丽霞，刘婧雯. 数字经济要素收入核算与竞争力分析——基
于"属权原则"的异质性视角［J］. 国际贸易，2024（2）：58-71.

[34] 屈超，张美慧. 国际信息通信技术卫星账户的构建及对中国的启示[J].
统计研究，2015，32（7）：74-80.

[35] 杨仲山，张美慧. 数字经济卫星账户：国际经验及中国编制方案的设
计［J］. 统计研究，2019，36（5）：16-30.

[36] 罗良清，平卫英，张雨露. 基于融合视角的中国数字经济卫星账户编
制研究［J］. 统计研究，2021，38（1）：27-37.

[37] 王宏伟. 信息产业与中国经济增长的实证分析［J］. 中国工业经济，
2009（11）：66-76.

[38] 蔡跃洲. 数字经济的增加值及贡献度测算：历史沿革、理论基础与方
法框架［J］. 求是学刊，2018，45（5）：65-71.

[39] 彭刚，赵乐新. 中国数字经济总量测算问题研究——兼论数字经济与我
国经济增长动能转换［J］. 统计学报，2020，1（3）：1-13.

[40] 陈梦根，张鑫. 数字经济的统计挑战与核算思路探讨［J］. 改革，2020
（9）：52-67.

[41] 孙琳琳，郑海涛，任若恩. 信息化对中国经济增长的贡献：行业面板
数据的经验证据［J］. 世界经济，2012，35（2）：3-25.

[42] 杨晓维，何昉. 信息通信技术对中国经济增长的贡献——基于生产性资
本存量的测算［J］. 经济与管理研究，2015，36（11）：66-73.

[43] 中国信息通信研究院. 中国数字经济发展白皮书（2017年）［R］. 2017.

[44] 中国信息通信研究院. G20国家数字经济发展研究报告（2018年）［R］.
2018.

[45] 中国信息通信研究院. 中国数字经济发展与就业白皮书（2019年）［R］.
2019.

[46] 中国社会科学院数量经济与技术经济研究所. 中国数字经济规模测算
与"十四五"展望研究报告［R］. 中国社会科学院数量经济与技术经

济研究所，2020.

[47] 小松崎清介，伊藤阳一，鬼木甫. 信息化的由来及其经济含义［M］. 北京：社会科学文献出版社，1994.

[48] 杨京英，闰海琪，杨红军，等. 信息化发展国际比较和地区比较［J］. 统计研究，2005（10）：23-26.

[49] 张雪玲，焦月霞. 中国数字经济发展指数及其应用初探［J］. 浙江社会科学，2017（04）：32-40＋157.

[50] 范合君，吴婷. 中国数字化程度测度与指标体系构建［J］. 首都经济贸易大学学报，2020，22（4）：3-12.

[51] 吴翌琳. 国家数字竞争力指数构建与国际比较研究［J］. 统计研究，2019，36（11）：14-25.

[52] 赵涛，张智，梁上坤. 数字经济、创业活跃度与高质量发展——来自中国城市的经验证据［J］. 管理世界，2020，36（10）：65-76.

[53] 蔡跃洲，牛新星. 中国数字经济增加值规模测算及结构分析［J］. 中国社会科学，2021（11）：4-30＋204.

[54] 朱发仓，乐冠岚，李倩倩. 数字经济增加值规模测度［J］. 调研世界，2021（2）：56-64.

[55] 许宪春，胡亚茹，张美慧. 数字经济增长测算与数据生产要素统计核算问题研究［J］. 中国科学院院刊，2022，37（10）：1410-1417.

[56] 黄浩，姚人方. 数字经济规模的核算——结合国民账户与增长核算的框架［J］. 经济学动态，2024（1）：74-92.

[57] 韩兆安，赵景峰，吴海珍. 中国省际数字经济规模测算、非均衡性与地区差异研究［J］. 数量经济技术经济研究，2021，38（8）：164-181.

[58] 苏屹，支鹏飞，郭秀芳. 区域数字经济规模测算及其对区域创新的影响［J］. 科研管理，2023，44（9）：29-38.

[59] 李洁，张天顶. 投入产出分析与中国数字经济规模的测量 [J]. 当代经济管理，2021，43（10）：66-73.

[60] 许宪春，张美慧. 数字经济增加值测算问题研究综述 [J]. 计量经济学报，2022，2（1）：19-31.

[61] 林毅夫，蔡昉，李周. 中国经济发展新阶段、新理论与新政策 [M]. 北京：北京大学出版社，2021.

[62] 国务院发展研究中心. 推动高质量发展的政策选项 [M]. 北京：中国发展出版社，2018.

[63] 何帆. 经济学原理：高质量发展篇 [M]. 北京：中信出版社，2019.

[64] 张鸿，董聚元，王璐. 中国数字经济高质量发展：内涵、现状及对策 [J]. 人文杂志，2022（10）：75-86.

[65] 钞小静，王宸威，王灿. 数字经济推动经济高质量发展的理论机制与实现路径 [J]. 经济纵横，2024（3）：108-117.

[66] 焦勇. 中国数字经济高质量发展的地区差异及动态演进[J]. 经济体制改革，2021（6）：34-40.

[67] 付争江，郑之琦，屈小娥. 数字经济高质量发展指标体系构建及实证分析——来自陕西省的经验证据 [J]. 统计与决策，2023，39（13）：28-32.

[68] 甄俊杰，师博，张新月. 中国数字创新与经济高质量发展的协同效应及动态演进预测 [J]. 现代财经（天津财经大学学报），2023，43（3）：3-20.

[69] 李素峰，冯鸿雁. 科技创新与数字经济高质量发展动态耦合及时空分异——基于中国四大战略区域视角[J]. 当代经济管理，2023，45（6）：41-50.

[70] 吴玉杰，王璐瑶，周姿含，等. 面向数字经济高质量发展的创新规律

探索：主体、范式与生态［J］. 南开经济研究，2023（12）：81-95.

［71］李杰，王薇. 数字经济赋能区域高质量发展的溢出效应研究［J］. 管理现代化，2024（2）：10-19.

［72］王洁洁，马晓君，范祎洁. 数字经济与科技创新的协同效应对经济高质量发展的影响研究［J］. 统计与信息论坛，2024，39（4）：46-62.

［73］数据皮皮侠团队. 金融科技指数数据库［EB/OL］.［2024-4-20］. http://www. ppmandata. cn/.

［74］盛天翔，范从来. 金融科技、最优银行业市场结构与小微企业信贷供给［J］. 金融研究，2020（6）：114-132.

［75］袁航，朱承亮. 国家高新区推动了中国产业结构转型升级吗［J］. 中国工业经济，2018（8）：60-77.

［76］张欣艳，谢璐华，肖建华. 政府采购、数字经济发展与产业结构升级［J］. 当代财经，2024（3）：43-55.

［77］解学梅，朱琪玮. 企业绿色创新实践如何破解"和谐共生"难题？［J］. 管理世界，2021，37（1）：128-149＋9.

［78］俞红海，徐龙炳，陈百助. 终极控股股东控制权与自由现金流过度投资［J］. 经济研究，2010，45（8）：103-114.

［79］付晓东. 数字经济：中国经济发展的新动能［J］. 人民论坛，2020（21）：20-23.

［80］赵宸宇，王文春，李雪松. 数字化转型如何影响企业全要素生产率［J］. 财贸经济，2021，42（7）：114-129.

［81］彭硕毅，张营营. 区域数字经济发展与企业技术创新——来自 A 股上市公司的经验证据［J/OL］. 财经论丛：1-14［2022-03-26］

［82］黄先海，高亚兴. 数实产业技术融合与企业全要素生产率——基于中国企业专利信息的研究［J/OL］. 中国工业经济，2023（11）：118-136

[2024-05-05]. https://doi.org/10.19581/j.cnki.ciejournal.2023.11.007.

[83] 周冬华，万贻健. 企业数字化能提升企业全要素生产率吗？[J]. 统计研究，2023，40（12）：106-118.

[84] 杜传忠，刘书彤. 数字经济赋能中国制造业全要素生产率的效应测度及路径分析 [J]. 经济与管理研究，2023，44（9）：43-65.

[85] 李长英，王曼. 供应链数字化能否提高企业全要素生产率？[J/OL]. 财经问题研究：1-13［2024-05-05］. http://kns.cnki.net/kcms/detail/21.1096.F.20240417.1710.002.html.

[86] 陈俊龙，何瑞宇，刘佳丽. 智能制造对制造企业绿色全要素生产率影响的研究 [J/OL]. 软科学：1-12［2024-05-05］. http://kns.cnki.net/kcms/detail/51.1268.G3.20240416.1035.009.html.

[87] 金绍荣，唐诗语，任赞杰. 数字化转型能提升农业企业全要素生产率吗？[J]. 改革，2024（2）：131-148.

[88] 荆文君，孙宝文. 数字经济促进经济高质量发展：一个理论分析框架 [J]. 经济学家，2019（2）：66-73.

[89] 杨路明，施礼. "一带一路"数字经济产业聚集发展研究 [J]. 中国流通经济，2021，35（3）：54-67.

[90] 刘平峰，张旺. 数字技术如何赋能制造业全要素生产率？[J]. 科学学研究，2021，39（8）：1396-1406.

[91] 吕可夫，于明洋，阮永平. 企业数字化转型与资源配置效率 [J]. 科研管理，2023，44（8）：11-20.

[92] 戴魁早，王思曼，黄姿. 数据交易平台建设如何影响企业全要素生产率 [J]. 经济学动态，2023（12）：58-75.

[93] 张哲，陶敬中，秦磊. 供应链数字化管理对企业全要素生产率的影响 [J]. 中国流通经济，2024，38（4）：58-67.

[94] 杜传忠, 曹效喜, 任俊慧. 人工智能影响我国全要素生产率的机制与效应研究 [J]. 南开经济研究, 2024 (2): 3-24.

[95] 肖旭, 戚聿东. 产业数字化转型的价值维度与理论逻辑 [J]. 改革, 2019 (8): 61-70.

[96] 钟业喜, 毛炜圣. 长江经济带数字经济空间格局及影响因素 [J]. 重庆大学学报: 社会科学版, 2020, 26 (1): 19-30.

[97] 赵涛, 张智, 梁上坤. 数字经济, 创业活跃度与高质量发展——来自中国城市的经验证据 [J]. 管理世界, 2020, 36 (10): 65-76.

[98] 邱子迅, 周亚虹. 数字经济发展与地区全要素生产率——基于国家级大数据综合试验区的分析 [J]. 财经研究, 2021, 47 (7): 4-17.

[99] 万晓榆, 罗焱卿. 数字经济发展水平测度及其对全要素生产率的影响效应 [J]. 改革, 2022 (1): 101-118.

[100] 韩峰, 姜竹青. 集聚网络视角下企业数字化的生产率提升效应研究 [J]. 管理世界, 2023, 39 (11): 54-77.

[101] 马文聪, 陈宇理, 许泽浩. 企业数字化对全要素生产率的非对称性影响—基于分位数回归的实证检验 [J/OL]. 软科学: 1-18 [2024-05-05]. http://kns.cnki.net/kcms/detail/51.1268.G3.20240319.1502.021.html.

[102] 郭美晨, 杜传忠. 信息通信技术提升中国经济增长质量的机理与效应分析 [J]. 统计研究, 2019, 36 (3): 3-16.

[103] 张永恒, 王家庭. 数字经济发展是否降低了中国要素错配水平? [J]. 统计与信息论坛, 2020, 35 (9): 62-71.

[104] 胡德龙, 石满珍. 数字经济对企业全要素生产率的影响研究 [J]. 当代财经, 2023 (12): 17-29.

[105] 杨汝岱, 李艳, 孟珊珊. 企业数字化发展、全要素生产率与产业链溢出效应 [J]. 经济研究, 2023, 58 (11): 44-61.

[106] 许宪春, 张美慧. 中国数字经济规模测算研究——基于国际比较的视

角［J］. 中国工业经济，2020（5）：23-41.

［107］ 段博，邵传林，段博. 数字经济加剧了地区差距吗？——来自中国284个地 级市的经验证据［J］. 世界地理研究，2020，29（4）：728-737.

［108］ 谢莉娟，陈锦然，王诗桎. 信息通信技术投资，互联网普及和全要素生产率［J］. 统计研究，2020，37（9）：56-67.

［109］ 刘新争. 企业数字化转型中的"生产率悖论"——来自制造业上市公司的经验证据［J］. 经济学家，2023（11）：37-47.

［110］ 罗爽，肖韵. 数字经济核心产业集聚赋能新质生产力发展：理论机制与实证检验［J］. 新疆社会科学，2024（2）：29-40＋148.

［111］ 姚树洁，王洁菲. 数字经济推动新质生产力发展的理论逻辑及实现路径［J］. 烟台大学学报（哲学社会科学版），2024，37（2）：1-12.

［112］ 张夏恒，刘彩霞. 数据要素推进新质生产力实现的内在机制与路径研究［J/OL］. 产业经济评论. https://doi.org/10.19313/j.cnki.cn10-1223/f.20240313.002

［113］ 卢鹏. 数实融合驱动新质生产力涌现的逻辑与实践进路［J/OL］. 电子政务. https://link.cnki.net/urlid/11.5181.TP.20240422.0908.002

［114］ 翟云，潘云龙. 数字化转型视角下的新质生产力发展——基于"动力—要素—结构"框架的理论阐释［J］. 电子政务，2024（4）：2-16.

［115］ 张森，温军. 数字经济赋能新质生产力：一个分析框架［J/OL］. 当代经济管理. https://link.cnki.net/urlid/13.1356.F.20240315.1044.002

［116］ 张夏恒. 数字经济加速新质生产力生成的内在逻辑与实现路径［J/OL］. 西南大学学报（社会科学版）. https://link.cnki.net/urlid/50.1188.C.20240430.0926.002

［117］ 周文，叶蕾. 新质生产力与数字经济［J/OL］. 浙江工商大学学报. https://link.cnki.net/urlid/33.1337.C.20240301.1525.002

［118］ 杨德龙. 新质生产力以全要素生产率提升为核心［J］. 经济，2024（1）：

34-35.

[119] 杜传忠, 疏爽, 李泽浩. 新质生产力促进经济高质量发展的机制分析与实现路径 [J]. 经济纵横, 2023（12）: 20-28.

[120] 贾若祥, 王继源, 窦红涛. 以新质生产力推动区域高质量发展 [J]. 改革, 2024（3）: 38-47.

[121] 张夏恒, 马妍. 新质生产力驱动数字经济高质量发展的机理、困境与路径 [J/OL]. 西北工业大学学报（社会科学版）: 1-8 [2024-05-16]. http://kns.cnki.net/kcms/detail/61.1352.C.20240325.1024.004.html.

[122] 蔡湘杰, 贺正楚. 新质生产力何以影响全要素生产率: 科技创新效应的机理与检验 [J/OL]. 当代经济管理: 1-15 [2024-05-15]. http://kns.cnki.net/kcms/detail/13.1356.f.20240509.1637.009.html.

[123] 龚斌磊, 袁菱苒. 新质生产力视角下的农业全要素生产率: 理论、测度与实证 [J]. 农业经济问题, 2024（4）: 68-80.

[124] 王飞, 韩晓媛, 陈瑞华. 新质生产力赋能现代化产业体系: 内在逻辑与实现路径 [J/OL]. 当代经济管理: 1-9 [2024-05-15]. http://kns.cnki.net/kcms/detail/13.1356.F.20240228.1804.002.html.

[125] 徐波, 王兆萍, 余乐山, 等. 新质生产力对资源配置效率的影响效应研究 [J/OL]. 产业经济评论: 1-15 [2024-05-08]. https://doi.org/10.19313/j.cnki.cn10-1223/f.20240417.001.

[126] 张震宇, 侯冠宇. 新质生产力赋能中国式现代化的历史逻辑、理论逻辑与现实路径 [J/OL]. 当代经济管理: 1-14 [2024-05-15]. http://kns.cnki.net/kcms/detail/13.1356.F.20240227.1519.002.html.

[127] 周文, 何雨晴. 新质生产力: 中国式现代化的新动能与新路径 [J/OL]. 财经问题研究. https://link.cnki.net/urlid/21.1096.F.20240314.1745.002.

[128] 韩文龙, 张瑞生, 赵峰. 新质生产力水平测算与中国经济增长新动能 [J/OL]. 数量经济技术经济研究: 1-22 [2024-05-09]. https://doi.org/

10.13653/j. cnki. jqte.20240418.001.

[129] 蒋永穆, 薛蔚然. 新质生产力理论推动高质量发展的体系框架与路径设计 [J/OL]. 商业经济与理: 1-12 [2024-05-16]. http://kns.cnki.net/kcms/detail/33.1336.F.20240423.1923.004.html.

[130] 王军, 朱杰, 罗茜. 中国数字经济发展水平及演变测度 [J]. 数量经济技术经济研究, 2021, 38 (7): 26-42.

[131] 田友春, 卢盛荣, 靳来群. 方法、数据与全要素生产率测算差异 [J]. 数量经济技术经济研究, 2017, 34 (12): 22-40.

[132] 江艇. 因果推断经验研究中的中介效应与调节效应 [J]. 中国工业经济, 2022 (5): 100-120.

[133] 杨慧梅, 江璐. 数字经济、空间效应与全要素生产率 [J]. 统计研究, 2021, 38 (4): 3-15.

[134] 黄群慧, 余泳泽, 张松林. 互联网发展与制造业生产率提升: 内在机制与中国经验 [J]. 中国工业经济, 2019 (8): 5-23.

[135] 卢江, 郭子昂, 王煜萍. 新质生产力发展水平、区域差异与提升路径 [J/OL]. 重庆大学学报 (社会科学版): 1-16 [2024-05-24]. http://kns.cnki.net/kcms/detail/50.1023.c.20240306.1451.002.html.

[136] 王珏, 王荣基. 新质生产力: 指标构建与时空演进 [J]. 西安财经大学学报, 2024, 37 (1): 31-47.

[137] 黄国庆, 王明绪, 王国良. 效能评估中的改进熵值法赋权研究 [J]. 计算机工程与应用, 2012 (28): 245-248.

附　录

附录1　海南省数字经济部门与投入产出表部门分类的对应

部门分类		对应投入产出表部门	编号
数字产品部门		印刷和记录媒介复制品	23038
		电线、电缆、光缆及电工器材	38084
		计算机	39088
		通信设备	39089
		广播电视设备和雷达及配套设备	39090
		视听设备	39091
		电子元器件	39092
		其他电子设备	39093
		电信、广播电视和卫星传输服务	63121
		互联网和相关服务	64123
		软件和信息技术服务	65124
		广播、电视、电影和影视录音制作	87144
非数字产品部门	农业	农产品	01001
		林产品	02002
		畜牧产品	03003
		渔产品	04004
		农、林、牧、渔服务产品	05005
	制造业	谷物磨制品	13012
		饲料加工品	13013
		植物油加工品	13014

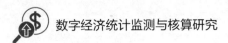

部门分类		对应投入产出表部门	编号
非数字产品部门	制造业	糖及糖制品	13015
		屠宰及肉类加工品	13016
		水产加工品	13017
		蔬菜、水果、坚果和其他农副食品加工品	13018
		方便食品	14019
		乳制品	14020
		调味品、发酵制品	14021
		其他食品	14022
		酒精和酒	15023
		饮料	15024
		精制茶	15025
		烟草制品	16026
		棉、化纤纺织及印染精加工品	17027
		毛纺织及染整精加工品	17028
		麻、丝绢纺织及加工品	17029
		针织或钩针编织及其制品	17030
		纺织制成品	17031
		纺织服装服饰	18032
		皮革、毛皮、羽毛及其制品	19033
		鞋	19034
		木材加工和木、竹、藤、棕、草制品	20035
		家具	21036
		造纸和纸制品	22037
		工艺美术品	24039
		文教、体育和娱乐用品	24040
		精炼石油和核燃料加工品	25041
		煤炭加工品	25042
		基础化学原料	26043
		肥料	26044
		农药	26045
		涂料、油墨、颜料及类似产品	26046

部门分类		对应投入产出表部门	编号
非数字产品部门	制造业	合成材料	26047
		专用化学产品和炸药、火工、焰火产品	26048
		日用化学产品	26049
		医药制品	27050
		化学纤维制品	28051
		橡胶制品	29052
		塑料制品	29053
		水泥、石灰和石膏	30054
		石膏、水泥制品及类似制品	30055
		砖瓦、石材等建筑材料	30056
		玻璃和玻璃制品	30057
		陶瓷制品	30058
		耐火材料制品	30059
		石墨及其他非金属矿物制品	30060
		钢	31061
		钢压延产品	31062
		铁及铁合金产品	31063
		有色金属及其合金	32064
		有色金属压延加工品	32065
		金属制品	33066
		锅炉及原动设备	34067
		金属加工机械	34068
		物料搬运设备	34069
		泵、阀门、压缩机及类似机械	34070
		文化、办公用机械	34071
		其他通用设备	34072
		采矿、冶金、建筑专用设备	35073
		化工、木材、非金属加工专用设备	35074
		农、林、牧、渔专用机械	35075
		其他专用设备	35076
		汽车整车	36077

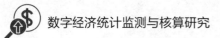

续表

部门分类		对应投入产出表部门	编号
非数字产品部门	制造业	汽车零部件及配件	36078
		铁路运输和城市轨道交通设备	37079
		船舶及相关装置	37080
		其他交通运输设备	37081
		电机	38082
		输配电及控制设备	38083
		电池	38085
		家用器具	38086
		其他电气机械和器材	38087
		仪器仪表	40094
		其他制造产品	41095
		废弃资源和废旧材料回收加工品	42096
		金属制品、机械和设备修理服务	43097
	交通	铁路运输	53107
		道路运输	54109
		水上运输	55111
		航空运输	56113
		管道运输	57115
	物流	其他运输、装卸搬运和仓储	58116
		邮政	60118
	金融	货币金融和其他金融服务	66126
		资本市场服务	67127
		保险	68128
	商贸	批发	51105
		零售	52106
		住宿	61119
		餐饮	62120
		租赁	71130
		商务服务	72131
	社会	教育	83140
		卫生	84141
		社会工作	85142

部门分类		对应投入产出表部门	编号
非数字产品部门	政府	社会保障	94148
		公共管理和社会组织	91149
	其他	煤炭开采和洗选产品	06006
		石油和天然气开采产品	07007
		黑色金属矿采选产品	08008
		有色金属矿采选产品	09009
		非金属矿采选产品	10010
		开采辅助活动和其他采矿产品	11011
		电力、热力生产和供应	44098
		燃气生产和供应	45099
		水的生产和供应	46100
		房屋建筑	47101
		土木工程建筑	48102
		建筑安装	49103
		建筑装饰、装修和其他建筑服务	50104
		房地产	70129
		研究和试验发展	73132
		专业技术服务	74133
		科技推广和应用服务	75134
		水利管理	76135
		生态保护和环境治理	77136
		公共设施及土地管理	78137
		居民服务	80138
		其他服务	81139
		新闻和出版	86143
		文化艺术	88145
		体育	89146
		娱乐	90147

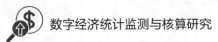

附录2 2017年海南省数字经济投入产出表

单位：元

		中间使用										中间使用合计	最终使用合计	进口	国内省外流入	总产出
		数字产品部门	非数字产品部门													
			农业	制造业	交通	物流	金融	商贸	社会	政府	其他					
中间投入	数字产品部门	1 216 553.47	9 547.77	116 843.53	50 958.24	7 040.37	279 062.76	109 401.71	36 362.26	239 330.05	606 797.86	2 671 898.02	3 215 422.14	56 332.32	2 169 230.84	3 661 757
	非数字产品部门 农业	5 412.92	950 603.59	874 956.67	261.52	55.6	1 256.45	380 186.06	2 403.58	0	43 773.82	2 258 910.21	15 904 075.72	81 468.44	3 192 817.49	14 888 700
	制造业	326 408.57	2 809 773.21	9 075 500.05	1 975 107.68	91 756.24	159 287.62	1 026 914.23	428 766.42	341 163.66	11 200 679.86	27 435 357.54	52 693 928.51	3 226 589.09	58 484 254.47	18 418 442.07
	交通	40 872.4	440 494.27	809 817.18	1 300 329.07	376 792.95	42 091.23	345 249.3	62 647.25	109 740.35	593 572.56	4 121 606.56	12 161 014.57	0	7 499 021.13	8 783 600
	物流	5 421.91	123 654.81	93 628.7	893 975.73	36 133.17	37 151.65	127 469.73	41 287.48	6 717.46	41 551.89	1 406 992.53	394 366.92	0	906 959.45	894 400
	金融	76 920.94	96 670.98	341 085.96	702 132.2	25 464.32	270 456.05	1 343 301.46	66 175.5	94 956.55	1 244 767.74	4 261 931.7	2 110 700.8	0	1 103 932.5	5 268 700
	商贸	340 046.33	316 525.41	1 795 315.97	1 334 136.24	77 164.7	741 512.96	2 210 343.76	236 909.68	498 429.59	3 654 812.31	11 205 196.95	9 883 834.98	0	6 463 631.93	14 625 400
	社会	5 148.06	9 967.99	4 079.55	6 310.98	338	53 818.44	17 122.69	182 557.71	27 754.86	12 920.49	320 018.77	4 631 615.32	0	1 095 234.12	3 856 400
	政府	4 722.24	3 293.68	770.94	1 143.35	1 273.81	2 539.94	2 866	5 253.37	331 261.17	3 550.68	356 675.18	3 516 186.47	0	491 061.42	3 381 800.23
	其他	201 934.48	195 668.29	1 340 453.68	259 044.99	49 180.84	592 122.9	1 326 645.06	563 736.75	246 146.59	5 767 774.79	10 542 708.37	60 676 230.44	506 564.19	35 284 871.62	35 427 503
中间投入合计		2 223 441.32	4 956 200	14 452 452.23	6 523 400	665 200	2 179 300	6 889 500	1 626 100	1 895 500.28	23 170 202					
增加值		1 438 316.09	9 932 500	3 965 989.84	2 260 200	229 200	3 089 400	7 735 900	2 230 300	1 486 299.93	12 257 301					
总投入		3 661 757	14 888 700	18 418 442.07	8 783 600	894 400	5 268 700	14 625 400	3 856 400	3 381 800.23	35 427 503					

附录 3　数字经济高质量发展综合评价指标原始数据（全国）

指标＼时间	2013	2014	2015	2016	2017	2018	2019	2020	2021	2022
计算机、通信和其他电子设备收入占比	0.130	0.133	0.133	0.133	0.128	0.117	0.113	0.122	0.128	0.128
软件和信息技术服务收入占比	0.079	0.087	0.094	0.100	0.103	0.108	0.117	0.132	0.138	0.148
电信业务总量占比	0.026	0.028	0.034	0.021	0.033	0.071	0.108	0.135	0.015	0.015
快递业务收入占比	0.002	0.003	0.004	0.005	0.006	0.007	0.008	0.009	0.009	0.009
电子商务活动占比	0.154	0.199	0.211	0.229	0.246	0.259	0.274	0.294	0.308	0.372
GDP 增长率（%）	7.800	7.400	7.000	6.800	6.900	6.700	6.000	2.200	8.400	3.000
研发经费投入占比（%）	2.000	2.020	2.060	2.100	2.120	2.140	2.240	2.410	2.430	2.540
技术市场交易成交额占比	0.013	0.013	0.014	0.015	0.016	0.019	0.023	0.028	0.032	0.040
金融科技指数	0.382	2.088	4.516	23.677	63.258	81.226	81.065	112.129	104.807	108.742
研发人员全时当量（人年）	353.28	371.06	375.88	387.81	403.36	438.14	480.08	523.45	571.63	635.40
信息传输、软件和信息技术从业人员占比	0.429	0.440	0.458	0.478	0.520	0.560	0.603	0.649	0.695	0.721
研发项目（课题）数（项）	322 567	342 507	309 895	391 872	477 861	558 305	671 799	788 125	958 709	1 093 975
专利申请授权数（件）	1 313 000	1 302 687	1 718 192	1 753 763	1 836 434	2 335 411	2 474 406	3 520 901	4 467 165	4 201 203
合理化指数	0.147	0.132	0.122	0.120	0.123	0.122	0.110	0.091	0.092	0.102
高级化指数	1.061	1.120	1.243	1.323	1.322	1.342	1.406	1.439	1.361	1.357
高度化指数	2.379	2.396	2.424	2.443	2.452	2.462	2.471	2.468	2.462	2.460
城镇化率（%）	54.500	55.750	57.330	58.840	60.240	61.500	62.710	63.890	64.720	65.220
城乡宽带接入用户数之比	2.988	3.114	3.055	2.987	2.717	2.470	2.334	2.408	2.397	2.344
城乡计算机拥有量之比	3.575	3.243	3.054	2.867	2.767	2.717	2.625	2.576	2.569	2.536
能源消费弹性系数	0.470	0.360	0.190	0.250	0.460	0.520	0.550	1.000	0.650	0.970

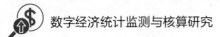

续表

指标 \ 时间	2013	2014	2015	2016	2017	2018	2019	2020	2021	2022
单位 GDP 废水排放（吨/亿元）	5.388	4.838	4.260	1.646	1.093	0.885	0.782	0.491	0.368	0.276
单位 GDP 废气排放（吨/亿元）	30.949	27.042	22.599	10.323	6.368	4.860	4.008	2.498	1.824	1.333
工业污染治理投资占比	0.001	0.002	0.001	0.001	0.001	0.001	0.001	0.000	0.000	0.000
固体废物综合利用（万吨）	207 616	206 392	200 857	210 995	206 117	216 860.	232 079	203 798	226 659	237 025
城市污水处理率（%）	89.340	90.180	91.900	93.440	94.540	95.490	96.810	97.530	97.890	98.110
外商投资总额占比	0.012	0.011	0.011	0.012	0.011	0.010	0.010	0.010	0.010	0.010
进出口总额占比	0.435	0.411	0.356	0.326	0.334	0.332	0.320	0.318	0.340	0.349
地区市场化指数	7.390	7.663	7.815	7.684	8.054	8.248	8.191	8.476	8.780	9.100
互联网接入端口数（万个）	35 945.3	40 546.1	57 709.4	71 276.9	77 599.1	86 752.3	91 578.0	94 604.7	101 784.7	107 104.2
互联网宽带接入用户数（万户）	14 153.6	15 174.6	19 547.2	22 266.6	25 476.7	28 996.5	31 450.5	34 165.3	37 808.2	41 332.6
移动互联网接入流量（万 GB）	126 715.7	206 193.6	418 753.3	937 863.5	2 459 380.3	7 090 039.3	12 199 200.6	16 556 817.2	22 163 224.3	26 175 867.1
移动基站密度（个/平方千米）	0.251	0.365	0.485	0.583	0.644	0.695	0.876	0.970	1.038	1.129
单位面积长途光缆线路长度（千米/平方千米）	0.093	0.097	0.101	0.104	0.109	0.104	0.113	0.116	0.117	0.114
有电子商务活动的企业占比（%）	5.190	7.200	9.600	10.900	9.500	10.000	10.500	11.100	11.200	10.400
数字普惠金融指数	155.35	179.75	200.01	230.41	271.98	300.21	323.73	341.22	372.72	379.44
每百人使用计算机数（台）	20	22	23	25	26	29	32	34	36	37
每百家企业拥有网站数（个）	57	58	57	56	56	54	51	49	48	42
移动电话普及率（部/百人）	90.330	94.030	92.490	95.600	101.970	112.230	114.380	112.910	116.300	119.200
每万人数字电视用户数（户/万人）	1 261.097	1 390.741	1 429.666	1 447.728	1 385.891	1 433.318	1 377.014	1 408.450	1 389.919	1 359.943

附录 4　数字经济高质量发展综合评价指标原始数据（海南省）

指标＼时间	2013	2014	2015	2016	2017	2018	2019	2020	2021	2022
计算机、通信和其他电子设备收入占比	0.003	0.003	0.003	0.002	0.001	0.001	0.001	0.001	0.001	0.001
软件和信息技术服务收入占比	0.008	0.007	0.020	0.031	0.040	0.092	0.097	0.039	0.030	0.033
电信业务总量占比	0.033	0.037	0.046	0.031	0.056	0.116	0.164	0.021	0.021	0.021
快递业务收入占比	0.001	0.001	0.002	0.002	0.003	0.003	0.003	0.004	0.004	0.004
电子商务活动占比	0.079	0.163	0.225	0.193	0.183	0.198	0.211	0.227	0.248	0.292
GDP 增长率/%	9.600	8.600	7.800	7.500	7.000	5.800	5.800	3.500	11.300	0.200
研发经费投入占比/%	0.470	0.480	0.460	0.540	0.520	0.550	0.560	0.660	0.730	1.000
技术市场交易成交额占比	0.001	0.000	0.001	0.001	0.001	0.001	0.002	0.004	0.004	0.005
金融科技指数	0.000	0.000	0.000	2.000	13.000	21.000	24.000	49.000	46.000	45.000
研发人员全时当量/（人·年）	6 962	7 514	7 713	7 840	7 715	8 160	8 903	8 961	13 457	17 063
信息传输、软件和信息技术从业人员占比	0.265	0.317	0.294	0.312	0.361	0.411	0.410	0.444	0.514	0.470
研发项目（课题）数/项	769	934	570	552	572	548	549	691	1 076	1 093
专利申请授权数/件	1 331	1 597	2 061	1 939	2 133	3 292	4 423	8 578	13 632	13 148
合理化指数	0.113	0.103	0.096	0.076	0.076	0.072	0.058	0.046	0.049	0.051
高级化指数	2.186	2.213	2.283	2.502	2.548	2.727	2.923	3.132	3.231	3.120
高度化指数	2.295	2.300	2.316	2.327	2.350	2.384	2.392	2.399	2.423	2.392
城镇化率/%	52.280	53.300	54.910	56.700	58.040	59.130	59.370	60.270	60.970	61.490
城乡宽带接入用户数之比	3.269	3.051	2.727	2.098	1.873	2.379	2.242	2.161	2.162	1.481
城乡计算机拥有量之比	8.427	6.553	5.776	6.441	6.244	6.530	4.852	5.181	5.169	4.816
能源消费弹性系数	0.550	0.670	0.680	0.470	0.690	0.750	0.750	0.080	0.690	0.680

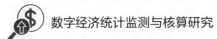

续表

指标＼时间	2013	2014	2015	2016	2017	2018	2019	2020	2021	2022
单位 GDP 废水排放/（吨/亿元）	4.020	3.127	2.401	1.658	1.352	1.372	0.988	0.794	0.609	0.467
单位 GDP 废气排放/（吨/亿元）	10.158	9.236	8.485	3.267	2.147	1.647	1.288	1.052	0.655	0.408
工业污染治理投资占比	0.001	0.002	0.000	0.000	0.001	0.000	0.000	0.000	0.000	0.000
固体废物综合利用/万吨	271.24	273.93	268.00	225.00	241.00	269.00	398.00	484.00	441.00	517.00
城市污水处理率/%	74.950	71.420	74.240	77.000	86.800	89.200	93.700	98.700	99.600	99.150
外商投资总额占比	0.013	0.012	0.021	0.165	0.196	0.070	0.169	0.252	0.261	0.257
进出口总额占比	0.300	0.282	0.233	0.184	0.156	0.173	0.170	0.168	0.226	0.295
地区市场化指数	7.083	7.143	6.593	6.200	6.502	6.715	5.943	6.032	6.123	6.214
互联网接入端口数/万个	220.0	223.9	342.5	507.0	571.6	726.1	794.1	852.3	1 096.0	1 044.7
互联网宽带接入用户数/万户	110.900	120.300	149.500	186.500	228.700	279.100	323.200	351.500	450.200	508.200
移动互联网接入流量/万 GB	923.1	1 733.7	3 256.2	7 543.9	22 937.8	61 944.2	100 444.2	137 800.8	183 155.8	224 719.8
移动基站密度/（个/平方千米）	0.593	0.847	1.130	1.356	1.469	1.554	2.147	2.316	2.458	2.684
单位面积长速光缆线路长度/（千米/平方千米）	0.089	0.093	0.095	0.095	0.095	0.093	0.091	0.090	0.082	0.082
有电子商务活动的企业占比/%	4.790	11.200	15.800	18.400	14.800	13.000	12.900	13.900	13.800	13.300
数字普惠金融指数	158.260	179.620	230.330	231.559	275.640	309.718	328.752	344.049	375.354	382.282
每百人使用计算机数/台	34	36	37	39	41	40	42	42	42	45
每百家企业拥有网站数/个	70	74	70	69	69	60	52	45	42	35
移动电话普及率/（部/百人）	95.800	101.400	102.800	103.500	109.800	117.200	121.600	120.200	115.000	114.900
每万人数字电视用户数/（户/万人）	1 031.285	1 012.514	1 043.903	1 109.162	1 280.288	1 546.800	1 457.494	1 315.420	1 218.078	1 141.166